ZAUBER FRISCH

· Profitipps für Ihren Haushalt ·

KAMPF GEGEN

FLECKEN

Tipps und Wunder-Produkte gegen alle Flecken

Isabelle Louet

INHALT

KAMPF GEGEN FLECKEN

Warnhinweis: *Bei unsachgemäßer Anwendung der Produkte übernehmen wir keine Verantwortung für die Wirksamkeit der Tipps in diesem Buch.*

... AUF KLEIDUNG ODER MÖBELN

Flecken auf der Tischdecke, die nach dem Waschen noch dunkler werden, Schweißränder auf T-Shirts, die nicht verschwinden, Glasränder auf der Massivholz-Kommode oder dieser schreckliche Obstfleck auf seinem weißen Hemd ... Wer hat sich noch nie über Flecken aufgeregt? Doch es gibt eine Lösung für die meisten Katastrophen. Drogeriemärkte sind voller Fleckentferner hierfür, Bleichmittel dafür ... aber ist es wirklich notwendig, seine Schränke damit vollzustellen und einen Haufen Geld auszugeben, wenn es Naturprodukte gibt, die ihre Wirkkraft schon vor Urzeiten bewiesen haben?

Natron, Essig, Seife, aber auch Salz, Zitrone, Milch... diese alltäglichen Produkte sind die besten Verbündeten, wenn man sein Heim auf Hochglanz bringen will. Nachdem sie lange in Vergessenheit geraten waren, feiern sie heute ein Comeback. Sie haben alles, was man sich nur wünschen kann. Sie sind biologisch abbaubar, ökologisch, ungiftig und umweltfreundlich. Da sie sehr günstig sind, schonen sie zudem unser Portemonnaie. Sie sind vielseitig und deshalb platzsparend, in den meisten Fällen vereint ein einziges Produkt die Eigenschaften mehrerer Industrieprodukte in sich. Außerdem lassen sie sich leicht auftreiben. Fast alle findet man in den Regalen von Supermärkten, Drogerien und Baumärkten.

Aber das Produkt allein ist nicht alles. Flecken entfernen bedeutet nicht nur Waschen. Das Wunderprodukt in die Waschmaschine geben und die Bettwäsche makellos herausholen – so einfach ist es leider nicht! Die meisten Flecken scheinen zunächst zu verschwinden, um dann wieder aufzutauchen, meistens noch dunkler. Und das nicht nur auf Textilien. Holz, Kunststoff, Wandteppiche oder Fliesen ziehen Flecken an und erfordern Aufmerksamkeit. Das Entfernen der Flecken kann schlimmer sein als der Fleck selbst, es kann hässliche Spuren hinterlassen, etwa Kratzer oder Verfärbungen.

Bevor Sie anfangen, sollten Sie sich mit einigen Regeln und Methoden vertraut machen.

Die richtige Technik

Flecken entfernen ist eine Aufgabe, die Zeit und ein wenig Aufmerksamkeit erfordert.

Schnell handeln

Wenn möglich, Flecken sofort gründlich entfernen. Je länger Sie warten, desto schwieriger wird es, denn verkrustete Flecken sind besonders hartnäckig.

Genau hinsehen

Rohes oder poliertes Holz, Seide oder farbige Baumwolle ... Zuerst müssen wir wissen, mit welchem Material wir es zu tun haben. Wolle und Holz mögen kein Wasser, farbenfrohe Stoffe kein Bleichmittel, Seide keine grobe Behandlung. Überprüfen Sie die Materialzusammensetzung und lesen Sie die Gebrauchsanweisung des verwendeten Reinigungsprodukts, insbesondere im Hinblick auf Verdünnungen. Das Ziel ist, einen Fleck so zu entfernen, dass der verschmutzte Gegenstand intakt bleibt.

Der Reihe nach

Stoffe nicht in die Maschine geben, bevor der Fleck entfernt ist. Heißes Wasser und Waschmittel fixieren nur. Als Erstes die betroffene Stelle bearbeiten. Erst waschen, wenn der Fleck verschwunden ist.

Hand anlegen

Mischung zubereiten, Fleck reiben, schrubben oder ausklopfen, in kaltem Wasser einweichen ... Wir müssen alle Chancen nutzen, um gegen Flecken erfolgreich zu sein und optimale Bedingungen zu schaffen.

Maßvoll bleiben

Nicht übertreiben: Nur kleine Mengen Reinigungsprodukte verwenden. Es geht darum, auf den Fleck zu zielen und nicht verschmutzte Bereiche auszusparen. Es ist wichtig, auf die richtige Dosierung zu achten, damit kein gegenteiliger Effekt eintritt.

Die richtige Richtung

TIPP

Um den Schmutz nicht weiter zu verteilen, Flecken immer von außen nach innen abtupfen.

Präzise arbeiten

Abgesehen von Reinigungspulver, das direkt auf den Fleck gestreut wird, sollte man das Fleckenmittel zunächst in eine kleine Tasse geben und dann präzise mit einem Wattestäbchen auftragen. Es sind gerade keine Wattestäbchen vorhanden? Ein sauberes Baumwolltuch tut es auch. Einzige Voraussetzung: Es muss weiß sein. Einen Fleck mit einer bunten Papierserviette reinigen zu wollen, führt zu einer Katastrophe. Am Ende müssen Sie nicht nur einen Fleck bekämpfen, sondern zwei!

Zuerst testen

Ob Stoff, PVC oder Marmor – egal welches Material Sie reinigen wollen, probieren Sie jedes Produkt zuerst immer an einer unauffälligen Stelle aus, um böse Überraschungen zu vermeiden. Im Zweifelsfall lieber einen Fachmann fragen.

Sich Zeit nehmen

Das ist vielleicht der schwierigste Teil der Aufgabe. Nur wenige Produkte wirken sofort. Die meisten muss man erst einwirken lassen, und das teilweise bis zu 24 Stunden!

FLECKEN-GRUNDWISSEN

Je nach Herkunft der Flecken ist einiges zu beachten.

Fettflecken und Flüssigkeiten absorbieren

Bloß kein Wasser! Es könnte das Material (etwa Holz) beschädigen oder dafür sorgen, dass der Fleck sich ausbreitet. Montmorillonit, Talkumpuder, Maïzena®: Fett muss durch Produkte mit hoher Saugfähigkeit absorbiert werden. Das Gleiche gilt für Flüssigkeiten. Erst die Flüssigkeit aufnehmen, damit sie sich nicht ausbreitet. Hier genügt ein saugfähiges Papiertuch. Danach kann das Fleckenmittel wirken.

„Dicke“ Flecken erst trocknen

Schlamm, Kaugummi, Wachs ... Der Versuch, diese Flecken sofort zu reinigen, vergrößert das Problem nur! Besser erst trocknen lassen. Sind sie ausgehärtet, lassen sie sich einfach abbürsten oder vorsichtig abkratzen.

Die Ausrüstung für eine erfolgreiche Reinigung

Um das bestmögliche Ergebnis zu erzielen, brauchen Sie die richtige Ausrüstung:

- *saubere, fusselfreie Reinigungs- oder Mikrofasertücher.*
- *Fensterleder (sollte in jedem Bau- oder Drogeriemarkt zu finden sein).*
- *eine weiche Zahnbürste. Für Ritzen und Zwischenräume gibt es nichts Besseres.*
- *Ein Klappmesser zum Kratzen und Schaben nach Art unserer Großeltern, oder ein Löffel.*
- *Eine Wurzelbürste (Bürsten aus Kunststoff sind nicht empfehlenswert, weil sich die Borsten bei festem Druck krümmen) zum Schrubben ohne Kratzer.*
- *Zeitungspapier. Aber: Es muss eine Tageszeitung sein, das Hochglanzpapier von Magazinen ist nicht geeignet.*
- *einen sauberen Wischmopp.*
- *Extrafeine Stahlwolle, um kleine Kratzer zu entfernen.*
- *Weiche Schwämme für alle Oberflächen.*
- *Und natürlich einen Besen, einen Eimer oder eine Wanne, eine Schaufel, einen Staubsauger und Handschuhe.*

Das Problem ist, dass Flecken immer dann auftauchen, wenn man es am wenigsten erwartet. Obstflecken, Fettflecken auf einer Ledercouch ... Je schneller Sie handeln, desto größer die Chance, dass sie wieder vers-chwinden. Dafür sollten Sie stets das richtige Fleckenmittel zur Hand haben. Das Wichtigste ist die richtige Grundausstattung.

1

DAS ANTI-FLECKEN-KIT

SPEZIELLE FLECK-ENTFERNER

Lassen Sie sich nicht beeindrucken von ihren seltsamen Namen. Worauf es ankommt, ist ihre enorme Wirksamkeit im Kampf gegen bestimmte Flecken. Ihre Wirkung ist präzise und spezifisch. Ob Fett-, Blut- oder Lackflecken ... Nur sie können Wertvolles wiederherstellen, denn sie erledigen ihre Aufgabe schonend, auch bei den empfindlichsten Materialien. Es lohnt sich, die nächste Drogerie aufzusuchen, denn im Supermarkt werden Sie sie nicht finden. Eine weitere Option: Bestellen Sie sie online auf den einschlägigen Webseiten für Bio-Produkte.

Montmorillonit für eine natürliche Trockenreinigung

Dieser 100% natürliche, ungiftige und umweltfreundliche Ton ist in Pulverform erhältlich. Er ist der Geheimtipp der Wäschereien gegen Fettflecken (Butter, Öl, Make-up ...).

- **Seine Stärke.** Es ist ideal, um Fett- und Urinflecken zu entfernen. Man kann es zum Reinigen von Textilien, Leder, Polstern, Böden, Wänden und Holzmöbeln verwenden. Seine Saugfähigkeit – es kann bis zu 80% seines Gewichts an Wasser aufnehmen – und seine Fettlösekraft sind kaum zu toppen. Die Anwendung ist äußerst einfach: Das Pulver auf den Fleck streuen und einwirken lassen. Anschließend muss man nur noch den Staub entfernen. Seine Wirkung ist jedoch nicht unmittelbar. Manchmal muss man ihn über

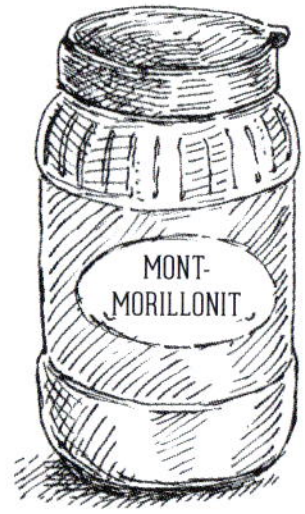

Wussten Sie schon ...?

Das Tonmineral wurde in der französischen Gemeinde Montmorillon entdeckt. Es wird heute noch in dieser Gegend abgebaut, wo sich eines der größten Vorkommen befindet. Und falls es irgendwann ausgeht, ist die Zukunft dennoch gesichert, da man es auf dem Mars nachgewiesen hat. Es wird auch nahe der Stadt Fez in Marokko abgebaut.

TIPP

Kein Montmorillonit vorrätig?

Maizena® und Talkumpuder haben denselben Effekt.

Nacht einwirken lassen, und bei manchen hartnäckigen Flecken kann eine Maschinenwäsche erforderlich sein.

• **Sein Vorteil.** Das Mineral reinigt schonend und eignet sich für alle Gewebe und Materialien: Textilien (auch Seide), Teppiche, Leder, Holz, Parkett, Stein, Beton ...

Gallseife, der einzigartige Fleckenkiller

Ihr Name klingt wenig verlockend, aber hat man diesen erst „verdaut“, kann man nicht mehr darauf verzichten. Wie der Name sagt, ist eine ihrer Zutaten ein Extrakt aus Rindergalle. Die darin enthaltenen Enzyme „verdauen“ alle organischen Abfallstoffe wie Urin, Blut, Obst ...

• **Ihre Stärke.** Sie vernichtet nicht nur Fett, sondern auch viele andere Flecken: Mayonnaise, Obst, Gras, Wein, Kaffee, Tee, Schokolade, Lippenstift, Blut, Tinte ... Sie beseitigt außerdem Schweißränder und ist ideal für die Reinigung von Hemdkragen und Manschetten. Den Fleck einfach mit Gallseife einreiben, dann das Kleidungsstück in der Waschmaschine waschen.

• **Ihr Vorteil.** Sie ist der Freund aller Textilien. Sie reinigt wirksam, aber schonend, weshalb man sie sowohl für Baumwolle als auch für synthetische Stoffe und sogar hochempfindliche Materialien wie Seide oder Wolle verwenden kann. Sie greift auch empfindlichste Farben nicht an. Dennoch kann ein Test nicht schaden ... Einziger Nachteil: Man muss danach waschen.

Natriumpercarbonat

Das weiße granulierte Pulver, auch „festes Wasserstoffperoxid“ genannt, ist eine Verbindung aus Natriumcarbonat (aus dem auch Soda besteht) und Wasserstoffperoxid. Natriumpercarbonat ist biologisch abbaubar und ungiftig.

• **Seine Stärke.** Ein starkes Bleichmittel, antibakteriell, desinfizierend, ungiftig und schon bei 30 °C aktiv. Perfekt für weiße Wäsche. Nie wieder graue Hemden oder verfärbte Kragen!

• **Sein Vorteil.** Man verwendet es hauptsächlich für Textilien, es ist einfach in der Anwendung. Bei starken Flecken zwei Esslöffel in die Waschmaschinentrommel geben. Für kaum verschmutzte Wäsche genügt ein Esslöffel, und sie wird strahlend weiß.

ACHTUNG: Vorsichtig anwenden, Kontakt mit Haut und Augen vermeiden und Handschuhe tragen. Nicht auf Aluminium oder gewachsten, bemalten oder lackierten Oberflächen anwenden (außer zum Abbeizen). Da es oxidierend (brandbeschleunigend) wirkt, von entzündbaren Produkten (z.B. Alkohol oder ätherische Ölen) und Zündquellen fernhalten.

Salmiakgeist, ein Feind der Flecken und Gerüche

Auch Ammoniakwasser genannt. Es handelt sich um eine wässrige Lösung, die Ammoniak (NH_3) enthält. Die korrekte Bezeichnung ist Ammoniumhydroxid (NH_4 OH).

• **Seine Stärke.** Er ist ein wirksames Mittel gegen fast alle Arten von Flecken, etwa Blut, Wein, Schweiß, Obst, Wachs, Lack etc. Es funktioniert auf Teppichen und Teppichböden, Tapeten, Geschirr, Fensterscheiben, Haushaltsgeräten, Fußböden und Wänden (außer Zement und Beton), Kunststoffen, Holz sowie allen Arten von Stoffen (außer Wolle und Seide).

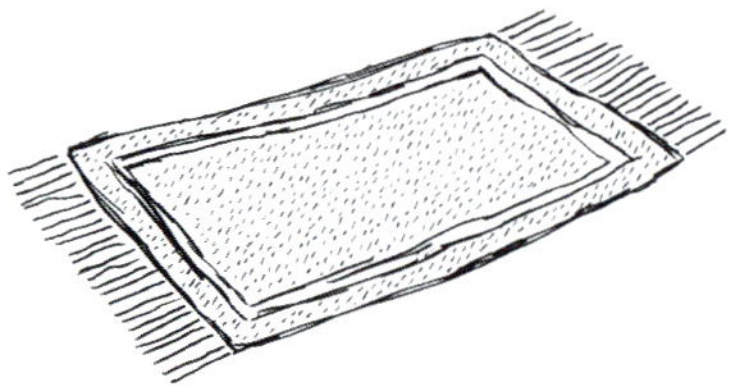

• **Sein Vorteil.** Er wirkt sofort und hat eine desodorierende Wirkung. Er ist auch ideal gegen Urinflecken. Außerdem kann man damit auch Farben wieder auffrischen. Salmiakgeist muss mit reichlich Wasser verdünnt werden. Danach stehts gründlich mit klarem Wasser nachspülen.

ACHTUNG: Es handelt sich um ein gefährliches Produkt, das mit Vorsicht verwendet werden muss: Immer zuerst die Gebrauchsanweisung lesen, Handschuhe tragen und die Dämpfe nicht einatmen. Nur bei geöffnetem Fenster anwenden. Ammoniak greift Linoleum, Zement und Beton an.

Terpentinöl

Es wird auch Balsam- oder Holzöl genannt. Terpentinöl ist ein farbloses ätherisches Öl, dessen Geruch an Kiefernholz erinnert. Es ist nicht wasserlöslich.

- **Seine Stärke.** Es löst Fett, Farben und Lacke, Polituren, Reinigungsmittel und Parfums; es entfernt Flecken aus allen Stoffen, sogar aus empfindlichen Materialien wie Seide; es entfernt Schimmelflecken von Leder und ist außerdem ideal zum Reinigen von Bildschirmen elektronischer Geräte (z.B. Handy oder Tablet).
- **Es ist auch der Verbündete aller Heimwerker:** Es beseitigt Kratzer auf Möbeln; gemischt mit Alkohol oder Olivenöl wirkt es gegen Flecken; in Kombination mit Leinöl entfernt es Glasränder und Verfärbungen.
- **Sein Vorteil.** Dosierung je nach Verwendungszweck. Zum Fleckenentfernen unverdünnt auftragen. Ausspülen ist nicht nötig.

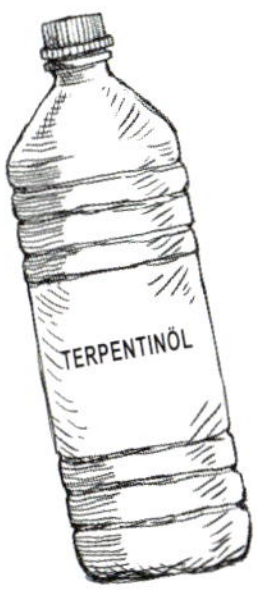

ACHTUNG: Terpentinöl ist ein gefährliches Produkt, beim Umgang damit ist Vorsicht geboten. Außerhalb der Reichweite von Kindern und Tieren aufbewahren, nur in gut gelüfteten Räumen anwenden. Augenkontakt vermeiden. Es kann leicht hautreizend

TIPP

Kleine Nüsse, die sauber machen

Unglaublich, aber wahr: Es gibt Nüsse, die dieselbe Wirkung haben wie industriell hergestellte Wasch- und Reinigungsmittel. Bei diesen Waschnüssen handelt es sich um die Früchte des *Sapindus Mukorossi*, einer Baumart aus Kaschmir. Ihre Schale enthält Saponin, eine natürliche Seife, die bei Kontakt mit Wasser sehr wirksam ist. Sechs Nussschalen in einem Baumwollsäckchen mit der Wäsche in die Waschtrommel geben. Für stark verschmutzte Wäsche einen Esslöffel Natriumpercarbonat hinzufügen. Waschnüsse sind ungiftig und können auch in den Geschirrspüler gegeben werden. Man kann sie fünf- bis sechsmal wiederverwenden. Im Bioladen erhältlich.

wirken. Nach jedem Gebrauch die Hände mit Seife waschen. Verschlucken kann für Kinder lebensgefährlich sein. Terpentinöl ist entzündbar. Nicht direktem Sonnenlicht aussetzen und nicht mit Salpetersäure mischen, es besteht Verbrennungsgefahr.

Alkohol (90%)

90%iger Alkohol ist ein exzellentes Fleckenmittel, er wird in Apotheken verkauft. 70%iger Alkohol ist eine gute Alternative, ihn gibt es im Supermarkt.

• **Seine Stärke**. Er löst Fett-, Tinten-, Lack- und Harzflecken. Er hilft auch beim Abstauben von Möbeln und beim Entfernen von Fingerabdrücken auf Wänden.

• **Sein Vorteil.** Dieses Desinfektionsmittel hinterlässt keine Spuren (Vorsicht bei Farben, vorher immer testen). Einfach etwas Alkohol auf einen Wattebausch geben und den Fleck abreiben. Nachspülen ist nicht notwendig. Alkohol eignet sich gut für empfindliche Flächen, die kein Wasser vertragen.

ACHTUNG: Beim Umgang mit Alkohol ist Vorsicht geboten, er ist entzündbar – jedoch nicht umweltschädlich.

Wasserstoffperoxid

Ein wirksames Antiseptikum. Für seine Herstellung werden Enzyme eingesetzt, sogenannte „Peroxidasen“. Es ist in der Apotheke erhältlich.

• **Seine Stärke**. Es ist ein großartiger Fleckentferner, der mit fast allen organischen Flecken fertig wird: Blut, Tee, Kaffee, Schokolade, Rotwein, Obst, Fett, Schweiß, Karotte, Tomate, Lippenstift, Gras, Ruß ... Es beseitigt auch Moos und Schimmel.

• **Sein Vorteil**. Es gibt verschiedene Konzentrationen, aber für den Haushalt verwendet man meist eine 20- oder 30%ige Lösung. Anschließend gut ausspülen.

DIE UNENTBEHRLICHEN FÜRS GANZE HAUS

Sie haben keinen Fleckentferner zur Hand? Kein Problem. Es gibt ein paar Standard-Haushaltsprodukte, die man sowohl zum Putzen als auch gegen Flecken verwenden kann.

Französische Kernseife

Die echte französische Kernseife (z.B. aus Marseille) ist biologisch abbaubar und besteht zu 72% aus Pflanzenöl (Oliven-, Kokos- oder Palmöl) und Natriumcarbonat. Sie enthält weder Duft- noch Farbstoffe oder sonstige Zusätze. Sie wird von Hand hergestellt. Die braune oder grüne Seife – auf Basis von Olivenöl und Kokos- und/oder Palmöl – eignet sich besonders für die Körperpflege, die weiße Seife – hergestellt aus Palmöl (dem Extrakt der Ölpalme), Erdnussöl oder Kokosöl – ist ein hervorragendes Wasch- und Putzmittel.

• **Ihre Stärke.** In trockener Form wird sie spielend mit Fettflecken fertig, die sie einfach absorbiert; in flüssiger Form bekämpft sie schwierige Flecken, etwa von Obst, Fett, Make-up und Getränken.

• **Ihr Vorteil ist auch ein Nachteil.** Sie ist nicht aggressiv und lässt sich auf den meisten Materialien anwenden, ist aber manchmal nicht potent genug, um hartnäckige Flecken zu entfernen. Der Unterschied zu anderen Reinigungsmitteln wie etwa Schmierseife ist die doppelte Wirkung, sie entfernt Flecken und wäscht zugleich. Nachteil: Es muss nachgespült werden, sie eignet sich nicht für Stoffe, die kein Wasser vertragen.

TIPP

Mit der Reibe

Kernseife löst sich besser in Wasser auf, wenn man sie reibt oder hobelt.

Wussten Sie schon ...?

Französische Kernseife ist das einzige Haushaltsprodukt, das sich rühmen kann, dass die Regeln seiner Herstellung von König Ludwig XIV. festgelegt wurden. 1688 erließ der Sonnenkönig folgendes Reinheitsgebot im Edikt von Colbert: Kochen in großen Kesseln, ausschließliche Verwendung reiner Pflanzenöle, Verbot der Beimischung tierischer Fette. Leider wurde nichts unternommen, um den Namen zu schützen oder die Zusammensetzung festzulegen. Deshalb gibt es zahlreiche Nachahmerprodukte, die Zusatzstoffe enthalten. Für ein Ergebnis wie zu Großmutters Zeiten sollten Sie nur echte französische Kernseife (z.B. Savon de Marseille) kaufen. Das Produkt sollte die Angaben « 72% d'huile » (72% Öl) und den Namen der Seifenfabrik enthalten. Man erkennt die Seife auch am besonderen Geruch.

Essigessenz, ein Muss

Essigessenz wird industriell auf der Basis von Alkohol aus Zuckerrüben oder Mais hergestellt. Trotz der industriellen Herstellung ist Essigessenz jedoch ein 100% natürliches und umweltfreundliches Produkt. Er ist biologisch abbaubar und hinterlässt keine Umweltschäden.

• **Ihre Stärke**. Reinigungs- und Desinfektionsmittel, Entkalker, Weichspüler, Farbauffrischer, Fettlöser, Deodorant ... Eine Allzweckwaffe, um den gesamten Haushalt auf Hochglanz zu bringen.

• **Ihr Vorteil**. Verwenden Sie sie pur oder mit Wasser verdünnt (50/50) zum Fensterputzen oder zum Reinigen von Kinderspielzeug. Mischen Sie sie mit Salz, um Kupfer zum Glänzen zu bringen, oder mit Natron, um verstopfte Abflüssen zu Leibe zu rücken. Kalt für schmutzige Böden und Wände, um Flecken aus Kleidung zu entfernen, um Möbel und fettiges Küchenzubehör zu reinigen, Toiletten und Abflussrohre zu desodorieren, oder als Weichspüler. Bei stark verschmutzten Böden oder Geschirr, zum Entkalken von Küchengeräten und zum Reinigen eines verstopften Abflussrohrs wirkt sie besser, wenn Sie sie zuvor erhitzen.

Schmierseife

Diese halbfeste oder flüssige Seife wird aus Fett, z.B. Olivenöl, Leinöl, Walnussöl, Maiskeimöl oder Glyzerin, und Kalilauge hergestellt. Dieses natürliche, ökologische, umweltfreundliche Produkt hat nur einen Nachteil: Ihren typischen Geruch mag nicht jeder.

• **Ihre Stärke**. Vielseitig einsetzbar, z.B. als Reinigungsmittel, Fettlöser, Bleichmittel oder Insektizid. Flüssige oder halbfeste Schmierseife kann für selbstgemachtes Geschirrspülmittel verwendet werden. Ideal als Fleckenmittel.

• **Ihr Vorteil**. Fett, Tinte, Blut ... Kein Fleck kann ihr widerstehen, und das auf allen Oberflächen: Holz, Linoleum, Fliesen, Emaille ... Bei Textilien ist sie ein perfekter Fleckentferner, aber zum Wäschewaschen mischt man sie am besten mit Essigessenz, Natron oder Zitrone, sonst kann die Wäsche im Laufe der Zeit grau werden.

ACHTUNG: Schmierseife ist stark konzentriert. Nicht ausreichend verdünnt, hinterlässt sie Spuren. Mengenangaben beim Mischen genau beachten.

Natron

Natron oder Natriumhydrogencarbonat ist ein weißes Pulver. Es entsteht emtweder aus einem Mineral, das sich auf der Oberfläche von Seen bilden kann, oder aus einer Mischung aus Kreide und speziellem Salz, das in Afrika oder Nordamerika gewonnen wird. Es kann aber auch im Labor hergestellt werden.

• **Seine Stärke**. Es löst Kalk und Fett, neutralisiert Gerüche, dient als Bleichmittel, Farbauffrischer, Weichspüler ... es kann einfach alles! Auch Flecken entfernen. Natron löst vor allem Fette und Proteine.

• **Sein Vorteil**. Natron kann als Pulver, Paste oder verdünnt verwendet werden. Zum Reinigen, Aufhellen und Weichspülen zwei bis drei Esslöffel zur Wäsche in die Maschine geben. Mit 60 Gramm Natron auf einen Liter Wasser erhalten Sie ein hervorragendes Anti-Flecken-Mittel zur Vorwäsche von Textilien, etwa bei Schweiß-, Fett-, Blut-, Gras-, Rotwein-, Beeren- oder anderen Obstflecken. Mindestens eine Stunde einwirken lassen.

ACHTUNG: Nicht für Wolle und Seide oder auf Aluminium anwenden.

Sicherheitsregeln

Vorsicht: Auch wenn diese Naturstoffe Wunder wirken, sind nicht alle harmlos, z.B. Terpentin, Ammoniumhydroxid oder Natriumcarbonat. Man sollte sie nur mit Vorsicht handhaben, möglichst nicht mischen und außerhalb der Reichweite von Kindern aufbewahren. Auch wenn es sich um Naturprodukte handelt, beachten Sie die Sicherheitsvorschriften, um Unfälle zu vermeiden.

• *Bewahren Sie Produkte in ihrer Originalverpackung auf, um Verwechslungen zu vermeiden. Natron kann leicht mit Puderzucker oder Salz verwechselt werden!*

• *Wenn Sie Waschmittel oder Reinigungsmittel herstellen, füllen Sie diese niemals in Getränkeflaschen oder Lebensmittelverpackungen. Das Verschlucken dieser Produkte kann schwerwiegende Folgen haben.*

• *Etikettieren Sie die Produkte sorgfältig und leserlich. Listen Sie die Inhaltsstoffe auf. Wenn jemand sie benutzt, muss er wissen, worum es sich handelt.*

• *Versuchen Sie nicht, Zeit zu sparen, indem Sie die Produkte mischen. Meistens kommt nichts Gutes dabei heraus, und es können gefährliche chemische Reaktionen (etwa giftige Dämpfe) entstehen.*

• *Ob gefährlich oder nicht, bewahren Sie Haushaltsprodukte außerhalb der Reichweite von Kindern und Haustieren auf. Ideal ist ein hoch hängender Wandschrank.*

Tonstein

Tonstein besteht hauptsächlich aus Tonmineralien und Seife. Er ist leicht abrasiv, wirkt aber auch hervorragend gegen Fett und Flecken. Und das ist noch nicht alles – er bringt Gegenstände zum Glänzen und macht Weißes wieder richtig weiß.

• **Seine Stärke.** Da er auch für empfindliche Oberflächen ideal ist, kann man mit Tonstein nahezu allen Flecken zu Leibe rücken: vom Fingerabdruck auf der Tapete bis zum schwarzen Fleck auf der Silberschale. Er reinigt Lederschuhe, Edelstahl, Holzmöbel, Fliesenfugen, PVC ... Es lohnt sich, Flecken erst damit zu behandeln, bevor man zu härteren Mitteln greift.

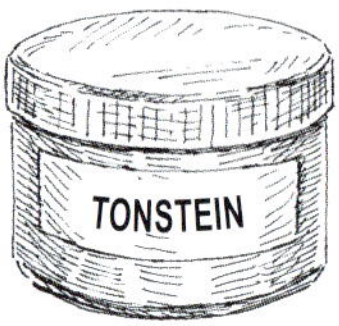

• **Sein Vorteil.** Wie Seife hat er neben der Wirkung als Fleckentferner eine hohe Waschkraft. Ein Wundermittel! Nachteil: Man muss ihn ausspülen. Deshalb ist er nicht für Materialien geeignet, die kein Wasser vertragen. Anwendung: Einen feuchten Schwamm hineintauchen, den Gegenstand reinigen, mit klarem Wasser abspülen und mit einem trockenen, fusselfreien Tuch abtrocknen.

GEHEIMTIPPS FÜR ALLE FÄLLE

Flecken sind hinterhältig und tauchen oft gerade dann auf, wenn man nicht zu Hause ist. Doch daran soll es nicht scheitern. Ob im Restaurant, bei Freunden oder bei der Arbeit – zum Glück gibt es Geheimtipps für Notfälle, und zwar mit Produkten, die Sie überraschen werden!

Aspirin

Der Blutfleck auf Ihrem schönen Pullover ist keine Katastrophe mehr, dank Aspirin. Eine Tablette leicht anfeuchten und damit sanft über den Fleck reiben. Mit etwas Wasser ausspülen. Hinweis für Migränepatienten: Paracetamol funktioniert nicht, es hat eine andere Zusammensetzung als Aspirin.

Butter

Teer, Schmieröl ... das Prinzip lautet, ein Übel mit einem anderen zu bekämpfen. Butter und Olivenöl haften an und entfernen Fett, sogar auf der Haut! Den Fleck mit Butter einreiben, ein paar Minuten einwirken lassen, dann mit einem Papiertuch abwischen. Zum Schluss nur noch die Butter mit Seifenwasser auswaschen.

Korken

- **Flecken auf Holz**? Suchen Sie in der Küche nach einem Wein- oder Sektkorken. Es sollte ein guter Wein sein, die meisten neuen Korken sind nicht mehr aus Kork! Mit der sauberen Seite des Korkens lassen sich Glasränder auf Holz entfernen, vor allem von gewachstem Holz.
- **Ist das Holz sehr dunkel,** den Korken vorher leicht anbrennen. Danach das Holz wachsen. Diese Methode funktioniert auch bei Flecken auf Kupfer (siehe auch S. 46, Spezialfälle).

Zigarettenasche

Ihr Silberarmband hat einen schwarzen Fleck? Etwas Zigarettenasche auf ein Tuch geben und den Schmuck sanft damit abreiben. Die schwarzen Flecken verschwinden, Ihr Schmuck glänzt wie neu!

Schlüssel (aus Metall)

Sich einen großen Haustürschlüssel auf den Rücken oder in den Nacken zu drücken, ist ein altes Hausmittel gegen Nasenbluten. Doch Schlüssel haben noch weitere ungeahnte Fähigkeiten – z.B. Flecken entfernen! Bei frischen Blutflecken genügt es, den Fleck mit kaltem Wasser anzufeuchten, den Stoff auf eine harte Oberfläche zu legen und mit einem Schlüssel darüberzureiben.

Coca-Cola®

Ihre Wirkung als Entkalker ist bekannt, aber sie hat weitere Qualitäten: Sie ist ein großartiger Fleckentferner und beseitigt Fett-, Blut- und Tintenflecken auf Textilien.
Einfach Coca-Cola® direkt auf den Fleck geben. Ein bis zwei Stunden einwirken lassen, danach mit Seifenwasser auswaschen.

TIPP

Falscher Zucker gegen echte Flecken

Süßstoff ist eine sehr gute Alternative. Direkt auf die Fettflecken geben, 10-15 Minuten einwirken lassen, danach ausbürsten. Etwas später empfiehlt sich dennoch eine Maschinenwäsche, um eventuelle Spuren zu entfernen.

TIPP

Die Kraft der Enzyme

Bei kleinen Blutflecken können Sie eine einfache Methode unserer Großeltern ausprobieren: Spucke. Die Enzyme im Speichel zersetzen die Proteine im Blut. Aber Achtung, der Speichel sollte von der Person sein, von der das Blut stammt. Den Blutfleck von außen nach innen mit etwas Spucke einreiben. Ein paar Sekunden einwirken lassen, mit kaltem Wasser auswaschen.

Zahnpasta

- **Flecken auf Ihren Turnschuhsohlen?** Einfach mit Zahnpasta einreiben: Weißheitsgarantie.
- **Flaschen und Gläser haben Spuren auf Ihrem Holztisch hinterlassen?** Eine haselnussgroße Menge Zahnpasta auf einen trockenen weichen Schwamm geben und die Oberfläche mit kreisförmigen Bewegungen leicht abreiben. Mit einem feuchten Tuch nachwischen und trocknen lassen. Falls nötig, den Tisch wachsen.
- **Kritzeleien an der Wand?** Mit einer kleinen weichen Bürste oder einer Zahnbürste vorsichtig abschrubben, dabei darauf achten, mit kreisförmigen Bewegungen zu reiben und nicht zu weit über den Fleckenrand hinauszugeraten. Ein paar Minuten einwirken lassen, dann mit einem feuchten Schwamm abwischen und mit einem fusselfreien Tuch trocken tupfen.

Kohlensäurehaltiges Mineralwasser

Es ist ein wahres Wunderprodukt! Es entfernt Flecken aus Textilien wie Teppichen, Autositzen, aber auch aus Nubuk, Wildleder und Leder. Ob Rotwein, Blut, Tomatensauce oder Urin: Nichts kann ihm widerstehen! Einfach etwas Sprudelwasser auf die verschmutzte Stelle geben und mit Küchenpapier trocken tupfen. Schmutzränder und Gerüche verschwinden ebenfalls. Das Mineralwasser sollte nicht zu viel Natrium enthalten. Um Entfärbungen zu vermeiden, sollte das Wasser nicht zu mineralstoffreich sein.

Mehl

Sie essen im Restaurant, und es kommt, wie es kommen muss: Ein Saucenspritzer landet auf Ihrer Bluse! Zögern Sie nicht, bitten Sie den Kellner sofort um eine kleine Schüssel Mehl und bestreuen Sie den Fleck damit. Nach zehn Minuten den Staub abklopfen. Sie werden überrascht sein. Maismehl (Maizena®) ist übrigens dabei das wirksamste Mehl. Diese Methode funktioniert auch bei Fettflecken auf Teppichen oder Holz.

Öl

Glasränder und Flecken auf Marmor? Die Flecken mit etwas Fettigem einreiben, z. B. mit Olivenöl. Überschüssiges Öl mit einem Papiertuch entfernen. Die Flecken werden nicht mehr auftauchen ... unter der einzigen Bedingung, dass der Marmor nicht mit Wasser in Berührung kommt. Aber auch wenn er nass wird, kein Problem: Einfach erneut mit Öl einreiben, dann sieht er wieder aus wie vorher.

Milch

Heiße Milch auf einen Rotweinfleck geben, mit einem Tuch aufsaugen und wiederholen: Der Fleck ist weg! Milch reinigt schonend und eignet sich für empfindliche Materialien wie Samt, Wolle oder Wildleder.

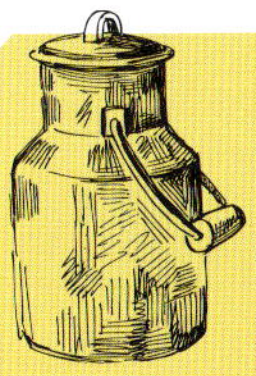

TIPP

Milch für verfärbte Wäsche

Ihr weißes Kleid ist in der Buntwäsche gelandet und ist jetzt rosa! Eine Schüssel mit Milch füllen, das Kleid hineinlegen und über Nacht einweichen: Am nächsten Morgen hat es seine Farbe zurück.

Entrindetes Brot

Um Fettflecken auf Leder oder Tapeten zu entfernen, etwas weiches Brot zu einer Kugel formen und reiben.

Zwiebel

Rostflecken auf einer Messerklinge? Die rostigen Stellen mit einer halbierten Zwiebel abreiben.

Talkumpuder

- **Für Fettflecken das Mittel der Wahl**. Wie Mehl hat es eine hohe Absorptionsfähigkeit. Ob T-Shirt oder Baumwollkleid oder auch auf Holz ... den Fleck sofort mit Talkum bestreuen. Einwirken lassen, dann vorsichtig mit einer weichen Bürste schrubben. Mit kreisenden Bewegungen arbeiten, um den Schmutz nicht zu verteilen.
- **Ältere Flecken** mit Talkum bestreuen, mit Küchenpapier abdecken und mit dem warmen Bügeleisen darübergehen.

Essig-Öl-Dressing

Ihre Edelstahl-Spüle ist übersät mit Wasserflecken? Edelstahl lässt sich am besten mit einem Tuch reinigen, das mit reichlich Öl und ein paar Tropfen Essig getränkt ist. Einwirken lassen. Danach mit Küchenpapier trocken reiben.

Oftmals reicht Wasch- oder Spülmittel aus, um Flecken zu entfernen. Und Sie können es sogar selbst herstellen! Nichts ist einfacher, als diese Haushaltsprodukte aus natürlichen Zutaten selbst anzumischen. Nachteil: Man braucht Zeit! Am besten stellt man darum gleich eine größere Menge auf Vorrat her. Keine Sorge, selbstgemachte Produkte sind genauso lange haltbar wie gekaufte, mindestens einen Monat. Bevor Sie beginnen, lesen Sie sich die Zutatenliste genau durch und bereiten Sie alles gut vor. Sie brauchen verschließbare Gefäße aus Plastik oder Glas [keine Marmeladengläser, um Verwechslungen zu vermeiden], geeignet sind leere Wasch- oder Spülmittelverpackungen.

2

REINIGUNGSMITTEL SELBST HERSTELLEN

NATÜRLICHES WASCHMITTEL

Es ist so einfach, dass man sich fragt, warum man so lange damit gewartet hat, sein Wasch- und Spülmittel selbst zu machen!

Waschmittel für weiße Wäsche

Für zwei Liter Waschmittel benötigt man:

- **100 g Französische Kernseife,** gerieben, zum Fettlösen und Reinigen
- **2 l Wasser**
- **3 EL Natron** für leuchtende Farben und strahlendes Weiß
- **1 EL Essigessenz** als Farbschutz, Weichspüler und zum Entkalken der Maschine
- **5 Tropfen echtes ätherisches Lavendelöl** zum Desinfizieren und Parfümieren, Optional.

In einem großen Topf Wasser zum Kochen bringen. Kernseife, Natron und Essig hinzufügen. Alles gut mischen, bis sich die Zutaten aufgelöst haben. Mindestens eine Stunde abkühlen lassen. Die Mischung in eine Flasche füllen, einen Liter lauwarmes Wasser und das ätherische Öl hinzufügen. Kräftig schütteln. Wenn das Waschmittel am nächsten Tag noch zu dickflüssig ist, einen weiteren Liter Wasser hinzufügen.

Waschmittel für Buntwäsche

Es ist dasselbe Rezept wie für weiße Wäsche, aber das Natron wird durch Soda (Natriumkarbonat) ersetzt.

Für eine Maschinenwäsche benötigt man ein Glas (125 - 150 ml) Waschmittel.

HAUSGEMACHTES GESCHIRRSPÜLMITTEL

Schmierseife zum Reinigen, Natron zum Entkalken und für schönen Glanz und ätherische Öle zum Desinfizieren und Parfümieren ... Es ist zu 100% wirksam.

Geschirrspülmittel

Sie brauchen:

- **1 EL Natron**
- **½ Glas flüssige Schmierseife**
- **½ l heißes Wasser**
- **5 Tropfen ätherisches Öl**

Teebaumöl hat eine antibakterielle Wirkung, aber Sie können als Duftstoff auch echtes Lavendel- oder Zitrusöl verwenden. Alles mischen, in eine leere Spülmittelflasche füllen, fertig!

DER ÖKO-HELFER

Dieses Rezept eignet sich für das Reinigen von Tonfliesen, Parkett und Laminat.

Bodenreiniger

Sie brauchen:

- **80 cl flüssige Schmierseife** (zum Fettlösen und Reinigen)
- **1/2 l Leinöl** für Glanz und Pflege
- **1/2 l Wasser**
- **5 Tropfen ätherisches Teebaumöl** wirkt antibakteriell

In eine Zwei-Liter-Flasche füllen, schütteln und fertig! Die Flasche vor Gebrauch schütteln. Eine Verschlusskappe auf zwei Liter Wasser geben. Damit wird Ihr Boden sauber, desinfiziert und glänzend!

TIPP

Reinigungstücher selbst herstellen

Praktisch und schlau. Wenn Sie diese selbstgemachten Reinigungstücher dabei haben, sind Sie auf alles vorbereitet. Einfach in die Handtasche stecken! Nichts ist einfacher. In einer Schüssel drei Esslöffel Essigessenz, einen Esslöffel flüssige Schmierseife und zwei Tassen Wasser mischen. Ca. 20 quadratische Baumwolltücher von 10 x 10 cm in die Flüssigkeit tauchen. Mindestens eine Stunde einziehen lassen. Herausnehmen und leicht ausdrücken. Auf ein Viertel der Größe zusammenfalten. In einem verschließbaren Behältnis aufbewahren.

Damit können Sie im Notfall die meisten Flecken sofort entfernen.

Nach dem Gebrauch den Stoff waschen und neue Reinigungstücher daraus herstellen.

Gäbe es ein universelles Wundermittel, wüssten wir es! Ob Seide, Marmor oder Holz, die Fleckentfernung variiert je nach Verschmutzung ...

3

EINE LÖSUNG FÜR JEDEN FLECK

ERSTE MASSNAHMEN

Der Erfolg beim Fleckenentfernen hängt davon ab, wie schnell Sie handeln und wie Sie dabei vorgehen.

Allgemein gilt: Niemals heißes Wasser auf einen Fleck geben, sonst besteht die Gefahr, dass er bleibt. Aus demselben Grund Flecken immer vor dem Waschen entfernen und Flecken niemals bügeln. Alle Materialien, die Wasser vertragen, nach der Fleckentfernung mit Kernseife waschen. Bei anderen Materialien ist die Sache komplizierter. Wählen Sie Produkte, die keine Spuren hinterlassen. Immer sparsam anwenden und beim Reinigen von außen nach innen tupfen. Vor der Fleckentfernung die Farbechtheit an einer unauffälligen Stelle der Textilien testen.

Die Konsistenz der Flecken bestimmen

Als Erstes muss die geeignete Erste-Hilfe-Maßnahme je nach Konsistenz getroffen werden:

- **„Dicke" Flecken?** Möglichst viel Schmutz mit einem Löffel entfernen. Vorsichtshalber nicht mit einem Messer, um das Material nicht zu beschädigen. Manche Flecken muss man eine Zeit lang trocknen lassen. Dies gilt etwa für Wachs, Kaugummi, Schlamm oder Knetmasse.
- **„Schmierige" Flecken?** Marmelade, Mayonnaise oder Öl und Blut erst einmal abkratzen.
- **Flecken von Flüssigkeiten** (Getränke, Urin) als Erstes mit Küchentüchern aufsaugen.

Flecken entfernen

Danach den Fleck entfernen. Falls es sich um trockenen Schmutz handelt, ausbürsten, dann das Fleckenmittel auftragen. Aber nie direkt auftragen (außer bei absorbierendem Puder, das direkt aufgestreut wird): Das Produkt auf ein Tuch geben und vorsichtig auftupfen.

Ein paar Minuten oder mehrere Stunden einwirken lassen, danach auswaschen oder spülen. Mit einem feuchten Tuch abwischen oder mit Küchentüchern abtupfen. Wenn das Material kein Wasser verträgt, ausbürsten. Anschließend abtrocknen (lassen).

Am besten ist es, den Gegenstand oder die Textilien normal zu waschen, es sei denn, sie vertragen kein Wasser.

DAS FLECKEN-ABC

Wenn Sie sofort handeln, lassen sich die meisten Flecken mit Gallseife, Schmierseife oder Kernseife entfernen. Manche sind jedoch hartnäckig, und wir müssen uns etwas anderes einfallen lassen. Alle nötigen Informationen finden Sie hier.

B wie ...

Beeren und anderes Obst

Den größten Teil mit kaltem Wasser auswaschen. Danach Zitronensaft auftragen und der Fleck sollte verschwinden.

- **Auf hartnäckige Flecken** eine haselnussgroße Menge Schmierseife geben. Kurz einwirken lassen, dann ausspülen. Statt Zitronensaft können Sie auch heiße Milch verwenden. Ist der Fleck stark eingetrocknet, mit verdünntem Wasserstoffperoxid (ein Teil Wasserstoffperoxid auf zehn Teile Wasser) reinigen. Gut ausspülen.
- **Auf Seide:** Ein Tuch mit 90%igem Alkohol tränken, den Fleck abtupfen, sanft mit einem Tuch sauber reiben.

Bier

Kaltes Wasser sollte ausreichen, um Bierflecken von nahezu allen Materialien zu entfernen ansonsten Essigessenz und Wasser zu gleichen Teilen mischen und den Fleck damit entfernen.

- **Für Wolle** diesen Schritt gleich als Erstes anwenden.
- **Für Seide, Satin und Samt,** ein Tuch mit 90%igem Alkohol tränken und den Fleck damit sanft abreiben.
- **Für Synthetik, Wildleder und Nubuk** den Alkohol durch Brennspiritus ersetzen.
- **Bierflecken auf einem Steinboden** mit einer Mischung aus Wasser und Wasserstoffperoxid behandeln (zwei Teile Wasser auf einen Teil Wasserstoffperoxid).
- **Marmor** braucht womöglich eine zusätzliche Reinigung, wenn der Fleck mit Schmierseife allein nicht weggeht. In diesem Fall leicht mit Salmiakgeist abtupfen.

Blut

Entgegen der landläufigen Meinung lassen sich Blutflecken leicht entfernen, wenn Sie schnell handeln. Den Blutfleck mit kohlensäurehaltigem Wasser einweichen, mit Küchenpapier trocken tupfen. Sie können den Fleck auch mit Kochsalzlösung einweichen.

• **Falls Rückstände übrigbleiben,** den Fleck in Salz- oder Essigwasser einweichen. Mit Schmierseife waschen und mit klarem Wasser ausspülen.

• **Bei empfindlichen Textilien:** Mit kaltem Wasser abtupfen. Falls der Fleck nicht verschwindet, sanft mit Wasserstoffperoxid abtupfen. Mit kaltem Wasser ausspülen. Für Samt am besten 90%igen Alkohol verwenden.

• **Bei hartnäckigen Flecken:** Mit verdünntem Salmiakgeist reinigen, mit kaltem Wasser ausspülen.

TIPP

Die letzte Rettung

Stark verkrustete Blutflecke mit Zahnpasta einreiben. Eine Stunde einwirken lassen, danach in der Maschine waschen.

HINWEIS: Aspirin ist ein sehr effektives Mittel gegen Blutflecken. Eine Aspirintablette in kaltem Wasser auflösen und den Blutfleck damit einreiben.

Butter

Den Großteil der Flecken vorsichtig abkratzen. Den verbleibenden Fettfleck mit Montmorillonit bestreuen. Einwirken lassen, bis der Fleck absorbiert ist, dann den Staub abklopfen.

• **Wenn das nicht ausreicht:** Eine haselnussgroße Menge Schmierseife auf den Fleck geben. 15 Minuten einwirken lassen (oder über Nacht, wenn der Fleck sehr alt ist). Die Seife absorbiert das Fett. Mit klarem Wasser ausspülen, dann in der Maschine waschen.

C wie ...

Champagner

Dieser prickelnde Genuss hinterlässt keine Flecken! Ein bisschen Wasser, und es ist nichts mehr zu sehen.

E wie ...

Erbrochenes

Damit der Geruch schnell verschwindet, die Flecken sofort gründlich reinigen. Zuerst kohlensäurehaltiges Mineralwasser darauf geben. Die Bläschen lösen das Erbrochene aus den Fasern. Anschließend mit Küchenpapier abtupfen. Dann den Fleck mit Essigessenz oder Salmiakgeist und einer Bürste entfernen. Ausspülen und mit Schmierseife waschen, möglichst in der Waschmaschine.

F wie …

Fett

Bloß kein Wasser, das Ziel ist nicht, den Fleck zu vergrößern. Für alle Materialien gilt dieselbe Grundregel: Das Fett muss absorbiert werden. Am effektivsten ist Montmorillonit. Auf den Fleck streuen und so lange wie nötig einwirken lassen. Das können 30 Minuten, aber auch 12 Stunden sein! Danach den Staub abklopfen, und der Fleck müsste verschwunden sein. Bei alten Flecken sieht die Sache anders aus.

- **Auf empfindlichen Textilien:** Ein paar Tropfen Terpentinöl auf ein sauberes weißes Tuch geben und den Fleck damit abtupfen. Danach ausspülen oder gemäß der Waschanleitung auf dem Etikett waschen. Eine andere Möglichkeit ist, den Fleck mit Salmiakgeist zu behandeln: Warmes Wasser, Waschmittel und Salmiakgeist zu gleichen Teilen mischen. Ein Tuch mit dieser Lösung tränken und den Fleck damit vorsichtig abtupfen.

Gegen den Geruch

TIPP

Wenn der unangenehme Geruch nicht verschwindet, den gesamten Bereich mit Natron bestreuen. Über Nacht einwirken lassen, dann den Staub abbürsten oder absaugen.

- **Auf weißen Stoffen:** Zwei Esslöffel Soda in eine Schüssel geben und mit Wasser mischen. Die Lösung auf den Fleck auftragen und fünf Minuten einwirken lassen. Danach in die Waschmaschine geben.
- **Auf Leder:** Den Fleck erwärmen, damit das Fett an die Oberfläche steigt. Das geht am besten mit einem Fön. Achtung, mindestens 10 cm Abstand halten, um das Leder nicht zu verbrennen! Danach den Fleck mit Montmorillonit entfernen.

Filzstift

Den Fleck mit einem Papiertuch und Seifenwasser (eine Mischung aus Wasser und flüssiger Schmierseife) oder Alkohol entfernen.

- **Bei Wollstoffen** statt Seifenwasser oder Alkohol den Saft einer Zitrone verwenden. Ausspülen und das Teil anschließend in der Maschine waschen.

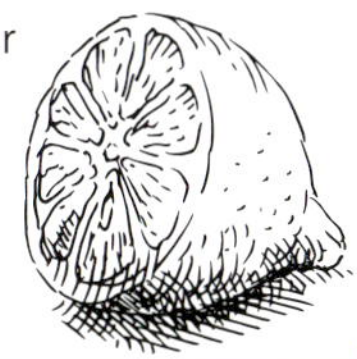

TIPP

Die Schmierseife ist aus?

Den Fleck mit Natron bestreuen. Einziehen lassen, etwas Essigessenz auf ein Tuch geben und den Fleck abtupfen.

Fruchtsaft

Mit warmem Seifenwasser auswaschen, danach mit Salz einreiben. Gut ausspülen.

• **Wolle braucht eine Sonderbehandlung:** Einen Teelöffel Eigelb mit einem Teelöffel Glyzerin verrühren. Die Mischung auf den Fleck geben. Ein paar Minuten einwirken lassen, dann mit warmem Wasser ausspülen.

G wie ...

Gras

• **Für unempfindliche Stoffe:** Mit sehr heißem Seifenwasser reinigen, danach ausspülen.

• **Bei hartnäckigen Flecken** empfiehlt sich Zitronensaft, jedoch nur für Stoffe, die nicht ausbleichen. Ansonsten tut es auch verdünnter Essigessenz (ein Teil Essig auf zwei Teile Wasser).

• **Für empfindliche und farbige Stoffe** empfiehlt sich Brennspiritus.

• **Für Satin, Seide, Samt, Wolle oder Pelz** eignet sich Salmiakwasser, allerdings nur stark verdünnt: ein Teil Salmiakgeist (Ammoniumhydroxid) auf drei Teile Wasser. Mit klarem Wasser ausspülen.

• **Für Wildleder und Nubuk** genügen ein paar Tropfen dieser stark verdünnten Lösung. Eine gute Alternative ist Brennspiritus.

• **Für Leder** ist diese Methode jedoch nicht geeignet. Stattdessen die Fettflecken einfach mit etwas Reinigungsmilch (fürs Gesicht) entfernen.

Grünspan

Der Albtraum für Gegenstände aus Kupfer oder Bronze. Da hilft nur die harte Tour! Mit einem Schwamm abreiben, mit einer in Salz getauchten Zitronenhälfte abreiben, mit klarem Wasser gründlich abspülen und mit einem Tuch trocknen. Statt der Zitrone können Sie auch Essigessenz mit einem Esslöffel Salz mischen und auf ein Tuch geben. Reiben, abspülen, trocknen.

K wie ...

Kaffee

Im Allgemeinen genügt es, den Fleck leicht anzufeuchten und mit etwas Schmierseife oder Kernseife einzureiben. Danach in der Maschine waschen. Aber es gibt Sonderfälle und Spezialmethoden.

• **Fleckentfernung mit 90%igem Alkohol.** Mischen Sie in einem Glas halb Wasser, halb 90%igen Alkohol. Ein Tuch mit dieser Lösung tränken und den Fleck damit vorsichtig entfernen. Mit einem Tuch trocken tupfen. Diese Methode eignet sich für Seide, Satin und Samt, Leder, Nubuk, Teppiche, Terracottafliesen und Ziegelmauern.

• **Für Wildleder** in einer Schüssel ein Eigelb mit etwas Wasser verrühren. Den Fleck damit abtupfen, danach mit warmem Wasser abspülen.

Kalk

Kalkablagerungen auf Edelstahl, Stahl und Chrom verschwinden, wenn man sie mit Tonstein behandelt. Diesen einfach mit einem Schwamm auf die verschmutzte Fläche auftragen, trocknen lassen, nach ein paar Sekunden abwischen, und das Metall glänzt wie neu!

• **Für Chrom oder verchromten Stahl** ein Tuch mit Apfelessig tränken und abwischen, einfach und effektiv.

• **Für Plexiglas und Kunststoff** keinen Essig verwenden, er enthält zu viel Säure. Kernseife oder Schmierseife sind ideal, um unschöne Kalkablagerungen zu entfernen.

• **Ihre Kristallvase ist innen verkalkt?** Drei Kartoffeln schälen, die Schalen in kleine Stücke schneiden und in die Vase geben. Bis zum Rand mit Wasser auffüllen. Vier Tage lang einwirken lassen, dann die Vase ausleeren. Vor dem Spülen die Außenseite der Vase mit einer rohen Kartoffelscheibe abreiben. Gründlich mit heißem Wasser ausspülen. Mit einem weichen, fusselfreien Tuch trocken reiben.

TIPP

Trick 17

Sie haben keinen Fleckentferner zur Hand? Nehmen Sie Zahnpasta! Eine walnussgroße Menge mit den Fingern auf dem Fleck verteilen, ein paar Minuten einwirken lassen, abspülen und waschen.

Kaugummi

Zunächst muss man ihn hart werden lassen. Dafür eine Plastiktüte mit Eiswürfeln füllen und ca. 30 Minuten auf den Fleck legen. Sobald er ausgehärtet ist, den Kaugummi vorsichtig mit einem flachen Messer abkratzen. Falls nötig, den Vorgang wiederholen.

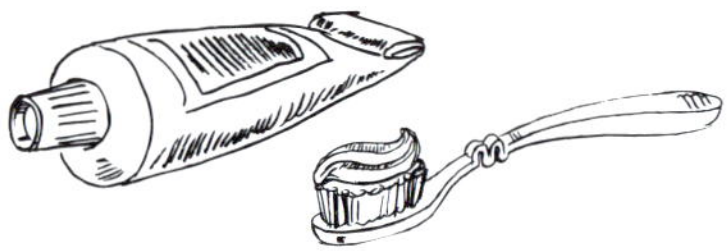

- **Der Kaugummi hat trotz all Ihrer Bemühungen einen Farbfleck hinterlassen?** Mit einer Zahnbürste und etwas Zahnpasta schrubben. Fettflecken? Etwas Schmierseife auf ein feuchtes Tuch geben und sanft reinigen. Für Synthetikstoffe ist Zitronensaft besser geeignet.
- **Für empfindliche Stoffe am besten Glyzerin* oder 90%igen Alkohol verwenden.** Eine halbe Stunde einwirken lassen. Danach mit warmem Wasser ausspülen.

* Immer zuerst an einer unauffälligen Stelle ausprobieren.

ACHTUNG: Kaugummiflecken immer vor der Maschinenwäsche entfernen, um den Fleck nicht zu fixieren und andere Kleidungsstücke damit zu verschmutzen.

Kirschen

Am effektivsten ist Zitronensaft! Kirschflecken mit einem fusselfreien Tuch und etwas Zitronensaft abtupfen. Ein paar Minuten einwirken lassen. Anschließend mit klarem Wasser ausspülen.

- **Auf Wolle und Baumwolle** kann man Kirsch- und Brombeerflecken mit einer Mischung aus 90%igem Alkohol und Wasser (zu gleichen Teilen) den Garaus machen. Die Flecken damit sanft abtupfen. Aber Vorsicht, für Kleidung aus Synthetik und Kunstfaser ist Alkohol nicht geeignet.
- **Sonderfall: Leder und Marmor.** Für Leder und Marmor ist Zitrone wegen ihrer Säure nicht geeignet. Für Leder empfiehlt sich eine Mischung aus einem Teil Brennspiritus und neun Teilen Wasser. Die Flecken damit abtupfen, dann mit einem feuchten Tuch nachwischen. Achtung, vorher immer einen Test machen. Wenn das Ergebnis nicht überzeugend ist, aufhören. Für Marmor Kernseife oder Schmierseife verwenden, das ist völlig ausreichend.

Klebstoff

Als Erstes möglichst viel Kleber mit einem Löffel oder Spachtel abkratzen. Dann den Fleck mit einem Tuch und etwas Brennspiritus abtupfen.

• **Wenn der Fleck nicht verschwindet,** herausfinden, um welche Art Kleber es sich handelt. Holzleim, Acryl- oder Vinylkleber lassen sich mit erhitztem Essigessenz gut entfernen. Polyurethan- und Neopren-Kleber verschwinden mit Aceton, Epoxid-Kleber mit Seifenwasser.

M wie ...

Make-up

Wasser vermeiden, es würde die Flecken nur fixieren. Stattdessen etwas Fetthaltiges wie beispielsweise Butter darauf geben und danach mit Montmorillonit behandeln. Alternative: Eine zu 28% verdünnte Salmiakgeistlösung auf ein Tuch geben und den Fleck zuerst damit abtupfen. Danach mit Montmorillonit bestreuen und dieses einwirken lassen, bis der Fleck gänzlich absorbiert ist. Dann den Staub abklopfen.

• **Stark eingetrocknete Flecken:** mit Montmorillonit oder Talkumpuder bestreuen. Ein saugfähiges Papiertuch darauflegen und mit einem Bügeleisen darübergehen, denn durch das Erhitzen wird das Fett vom Papier absorbiert.

• **Auf Leder:** Genauso reinigen wie zuvor beschrieben, mit Montmorillonit oder Talkum.

• **Lippenstiftspuren** mit einem mit Glyzerin getränkten Wattestäbchen abtupfen. Man kann den Fleck auch mit 90%igem Alkohol oder mit einer Mischung aus zwei Teilen Wasser und einem Teil Essigessenz entfernen.

• **Wimperntusche:** Den Fleck mit Essigessenz abreiben.

ACHTUNG: Lippenstift lässt sich sehr gut mit Reinigungsmilch entfernen. Es ist jedoch schwierig, diese anschließend wieder wegzubekommen.

Milch

Bloß kein heißes Wasser, sonst wird der Fleck „gekocht". Mit Seifenwasser waschen und ausspülen.

• **Bei hartnäckigen Flecken:** Zu 28% verdünnter Salmiakgeist wird es schaffen, auch bei Seide. Anschließend mit klarem Wasser ausspülen.

• **Letzte Alternative für hartnäckige Flecken: Terpentinöl**. Mit etwas Wasser ausspülen.

O wie …

Ölfarbe

Mit unverdünntem Terpentinöl entfernen, dann mit Schmierseife waschen und mit Wasser ausspülen.

• **Für eingetrocknete Flecken** in einer Schüssel vier Esslöffel Brennspiritus, drei Esslöffel flüssige Schmierseife und einen Esslöffel Salmiakgeist mischen. Die Mischung auf den Fleck geben und eine gute Stunde einwirken lassen. Mit Schmierseife oder Kernseife waschen, ausspülen.

Orange

Den Fleck mit einer Mischung aus warmem Wasser und flüssiger Schmierseife abreiben. Alternativ warmes Glyzerin darauf geben. Mit klarem Wasser ausspülen.

Oxidation

Gold- und Silberschmuck oder Besteck kann durch Oxidation anlaufen. Reagieren Sie schnell! Ein hilfreiches Mittel ist Zigarettenasche. Mit dem Saft einer Zitrone mischen, auf einen Wattebausch geben und den Fleck damit einreiben. Abspülen und fertig!

• **Wenn Sie keine Asche haben,** etwas Zahnpasta auf eine weiche Zahnbürste geben, schrubben und abspülen.

TIPP

Coca-Cola® - mehr als ein Getränk

Sie wird mit den schlimmsten Verschmutzungen fertig, sogar mit Rost auf Chrom und Edelstahl. Coca-Cola® auf den Fleck geben, zwei Minuten einwirken lassen und mit einem weichen Schwamm abreiben. Wie Zauberei!

P wie …

Pfirsich und Aprikose

Glyzerin auf den Fleck geben und mindestens eine Stunde einwirken lassen. Anschließend mit Seifenwasser (Wasser und etwas Schmierseife) waschen und mit klarem Wasser ausspülen.

R wie …

Rost

Rostflecken verschwinden, wenn man sie mit einer Mischung aus Zitronensaft und feinem Salz behandelt. Eine Zitrone aufschneiden, eine Hälfte mit Salz bestreuen und damit über den Fleck reiben. Mit klarem Wasser abspülen, fertig.

• **Für Wildleder** benötigt man keinerlei Reinigungsmittel: Wasserdampf genügt. Den Rost vorsichtig mit einem Löffel abkratzen. Rückstände mit heißem Wasserdampf lösen, am besten mit dem Dampfbügeleisen (aus sicherer Entfernung). Mit einer weichen Bürste sanft schrubben.

• **Rostflecken auf Ihren Messern?** Geben Sie ihnen ganz schnell ihren Glanz zurück, mit einer Zwiebel! Eine halbierte Zwiebel in Puderzucker tauchen und die Klingen damit abreiben. Nach ein paar Sekunden sehen sie aus wie neu.

• **Auf Marmor** den Rostfleck mit einem Tuch oder Wattestäbchen mit 20%igem Wasserstoffperoxid entfernen. Diese Methode funktioniert auch bei Tintenflecken.

• **Auf Zinn** lassen sich Rostflecken entfernen, indem man sie mit rohen, mit etwas Natron bestreuten Kartoffelscheiben abreibt. Abspülen, dann mit einem Fensterleder polieren.

S wie ...

Schimmel

Zwei haselnussgroße Portionen Zahnpasta mit einem Päckchen Backpulver oder Natron mischen. Mit dieser Paste lassen sich Stockflecken auf allen Materialien beseitigen. Schrubben, mit klarem Wasser nachspülen und abtrocknen.

• **Stockflecken an den Wänden oder an der Decke:** Mit einer Bürste abreiben. Danach 1/4 Tasse Natron und eine Tasse heißes Wasser miteinander mischen und die Rückstände damit abwaschen. Sorgfältig abtrocknen.

• **Schwarze Flecken auf Ihren Sofabezügen?** Einen Esslöffel Maizena®, eine haselnussgroße Menge Schmierseifenpaste, den Saft einer Zitrone und einen Teelöffel Salz mischen. Auf die Flecken auftragen, trocknen lassen. Danach ausbürsten, mit verdünnter Essigessenz (zwei Esslöffel auf sechs Tassen Wasser) auswaschen und trocknen lassen.

• **Ihr Duschvorhang ist übersät von schwarzen Flecken?** Kein Grund, ihn gleich wegzuwerfen. Die Flecken verschwinden, wenn man sie energisch mit einem mit heißer Essigessenz getränkten Scheuer-

TIPP

Schwarz auf weiß

Schimmelspuren auf Büchern lassen sich entfernen, indem man sie mit Talkum bestreut. Zwei oder drei Tage einwirken lassen, dann mit einer weichen Bürste abstauben.

schwamm abreibt. Danach bei 30 °C in der Maschine waschen, dabei drei Esslöffel (75 g) Natron zum Waschmittel dazugeben.

Schlamm und Lehm

Erst trocknen lassen, dann ausbürsten.

• **Wenn die Flecken nass geworden sind oder wenn sie Spuren hinterlassen haben,** mit einer Mischung aus einem Esslöffel Schmierseife, einem Esslöffel Essigessenz und einem Liter warmem Wasser sanft abreiben. Mit klarem Wasser spülen oder mit einem feuchten Tuch abwischen.

• **Wenn immer noch Spuren bleiben:** Den Vorgang wiederholen, aber mehr Essigessenz verwenden. Sie haben keinen Essig vorrätig? Einfach durch Zitronensaft ersetzen.

• **Trotz aller Versuche bleiben sichtbare Verfärbungen?** Ein Tuch mit verdünntem Salmiakgeist tränken und abtupfen. Gründlich ausspülen.

Schmieröl

Zunächst möglichst viel davon mit einem Spachtel oder Löffel entfernen. Danach eine haselnussgroße Menge Butter auf den Fleck geben. Mindestens eine Stunde einweichen lassen, dann mit Küchenpapier abtupfen. Reste erneut abkratzen, mit Schmierseife einreiben und mit klarem Wasser nachspülen.

Schokolade

Im Allgemeinen ist kaltes Wasser ausreichend, um Schokoladenflecken zu entfernen. Für hartnäckige Flecken ein Tuch in Seifenwasser (lauwarmes Wasser und etwas Schmierseife) tränken und den Fleck vorsichtig abreiben. Es wird nichts übrig bleiben.

• **Wenn die Schokolade stark angetrocknet ist,** mit Essigessenz oder verdünntem Salmiakgeist reinigen.

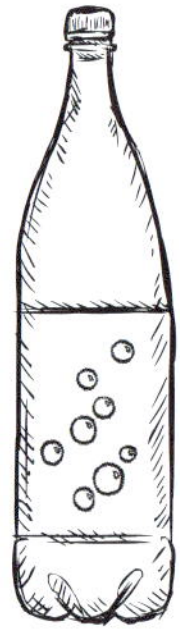

• **Um Milchschokolade-Flecken zu entfernen,** kohlensäurehaltiges Mineralwasser darauf geben, einwirken lassen und mit Küchenpapier abwischen. Danach vorsichtig mit 90%igem Alkohol abtupfen. Zum Schluss eine haselnussgroße Menge Schmierseife auf den Fleck geben und das Teil in der Maschine waschen.

Schuhcreme

Schuhcremeflecken sind heimtückisch, denn sie sind fettig, färben und setzen sich gnadenlos in Textilfasern fest. Wenn der Stoff nicht allzu empfindlich ist, den Fleck mit einer Zahnbürste und etwas Schmierseife ausbürsten. Mit kohlensäurehaltigem Wasser ausspülen. Danach wie gewohnt in der Maschine waschen.

• **Bei empfindlichen Materialien und Stoffen,** die kein Wasser vertragen, wie Wildleder, Holz, Pelz oder Seide, möglichst viel Schuhcreme vorsichtig abkratzen. Das Fett mit Küchenpapier abtupfen, danach mit Terpentin reinigen.

• **Bei Leder** Küchenpapier auf den Fleck legen und mit einem warmen Bügeleisen darübergehen, um das Fett zu absorbieren.

• **Bei Wolle** den Fleck mit einem in Aceton getauchten Wattestäbchen entfernen.

Schweiß

Um hässliche Schweißränder aus T-Shirts und Hemden zu entfernen, einen Seifenblock mit zwei oder drei Tropfen Wasser anfeuchten und die betroffenen Stellen von beiden Seiten damit einreiben. Danach in kaltem Wasser einweichen (warmes Wasser würde die Schweißränder nur fixieren). Ausspülen. Wenn Spuren bleiben, den Vorgang wiederholen.

• **Bei hartnäckigen Flecken:** mit einem weichen Schwamm und einer Mischung aus vier Esslöffeln Salz und einem Liter warmen Wasser reinigen. Mit klarem Wasser ausspülen.

• **Andere Alternativen:** unverdünnte Essigessenz oder verdünnter Salmiakgeist.

Spinat

Er hinterlässt hartnäckige Flecken. Die gute Nachricht: Mit einer rohen Kartoffelscheibe lassen sich Spinatflecken wegreiben. Danach erst mit Seifenwasser, dann mit klarem Wasser auswaschen.

T wie ...

Tee

- **Wenn der Fleck noch nass ist:** schnell mit Seifenwasser reinigen (ein Esslöffel Schmierseife auf einen Liter warmes Wasser). Mit Essigwasser (zwei Teile Wasser, ein Teil Essig) ausspülen.
- **Wenn er bereits getrocknet ist:** Mit einem fusselfreien Tuch und einer Mischung aus Essigessenz und 90%igem Alkohol (zu gleichen Teilen) abtupfen.
- **Für Synthetikstoffe:** Warmes Glyzerin darauf geben, ein paar Minuten einwirken lassen, dann ausspülen. Um stark eingetrocknete Flecken zu entfernen, fünf bis zehn Minuten in einer Mischung aus warmem Wasser und Essigessenz einweichen, dann mit einer haselnussgroßen Menge Schmierseife schrubben. Ausspülen.
- **Auf Wolle:** Ein Tuch mit Zitronensaft tränken und die Flecken damit abtupfen. Gründlich ausspülen.

Tannin in Porzellantassen

TIPP

Um Teespuren auf Porzellantassen zu entfernen, eine Mischung aus feinem Salz und Essigessenz (zu gleichen Teilen) auf einen Schwamm geben und sanft reiben.

Tinte

Möglichst viel Tinte mit Küchenpapier abtupfen. Den Fleck in Milch einweichen. Essig und Zitronenwasser funktionieren ebenfalls, aber bei Wolle ist Milch besser geeignet.

Leder verträgt säurehaltige Produkte wie Essig oder Zitrone auch nicht. Einen Wattebausch mit Reinigungsmilch und einem Tropfen Essig tränken, damit die Tinte löschen.

Tomate

- **Bei frischen Flecken:** Vorsichtig mit einem in Milch getränkten fusselfreien Tuch entfernen. Reste mit einem Papiertuch abtupfen, dann mit klarem Wasser ausspülen. Anschließend mit Schmierseife waschen und erneut ausspülen. Statt Milch kann man auch leicht verdünnten Brennspiritus verwenden.
- **Bei alten Flecken:** Seifenwasser mit ein paar Tropfen Wasserstoffperoxid mischen und die Flecken damit abreiben. Mit klarem Wasser ausspülen.
- **Der Fleck ist schon älter?** Salmiakgeist und Wasser zu gleichen Teilen mischen, ein fusselfreies Tuch damit tränken und den Fleck abreiben.
- **Auf weißer Wäsche:** Den Fleck mit einem in Wasserstoffperoxid getränkten Tuch abreiben, ausspülen. Anschließend in die Waschmaschine geben. Statt Wasserstoffperoxid können Sie auch eine Paste aus Soda und etwas Wasser verwenden. Auf den Fleck auftragen, ungefähr 10 Minuten einwirken lassen, dann schrubben und mit heißem Wasser ausspülen.

U wie …

Urin

- **Ihr Baby hat etwas angestellt?** Wenn die Flecken noch feucht sind, verschwindet auch der Geruch schnell, wenn Sie etwas Talkumpuder darauf streuen. Trocknen lassen, danach den Puder ausbürsten. Das Teil anschließend mit Schmierseife waschen.

TIPP

Schmutzrändern Dampf machen

Sie haben es geschafft, den Fleck zu entfernen, aber es bleibt ein hässlicher Rand. Kein Problem: Wasser in einem Topf zum Kochen bringen und den verschmutzten Stoff darüberlegen. Der Dampf lässt die Schmutzränder verschwinden. Aber Vorsicht, verbrennen Sie sich nicht.

- **Auf empfindlichen Stoffen:** Etwas Essigessenz auf ein Tuch geben und den Fleck damit abtupfen. Dann wie gewohnt in der Maschine waschen.
- **Auf Kunstleder:** Etwas Tonstein und einen Tropfen Essigessenz auf einen Wattebausch geben und den Fleck damit entfernen. Ausspülen und mit einem Mikrofasertuch abtrocknen.
- **Auf Wildleder:** Den Fleck mit einer weichen Bürste und mit ein wenig Wasser verdünntem Soda reinigen. Die Mischung sofort mit einem feuchten, fusselfreien Tuch abwischen. Trocknen lassen. Sollte ein unangenehmer Geruch bleiben, etwas Talkumpuder mit Natron mischen und das Wildleder mit kreisenden Bewegungen damit abreiben. Über Nacht einwirken lassen, dann ausbürsten.

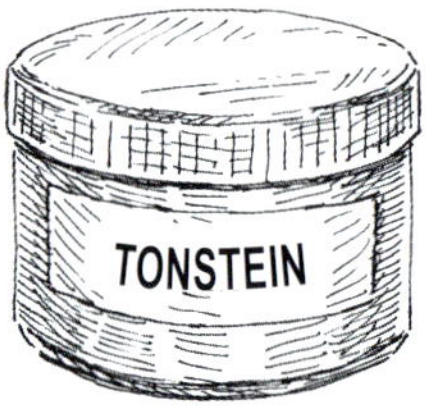

ACHTUNG: Probieren Sie es erst an einer unauffälligen Stelle aus, um böse Überraschungen zu vermeiden. Beim geringsten Zweifel Soda durch Natron ersetzen.

Sie wissen nicht, was für ein Fleck es ist?

Manchmal entdecken wir einen Fleck, wissen aber nicht, wo er herkommt. Dann muss man in Etappen vorgehen. Zuerst versuchen, den Fleck mit einem mit kaltem Wasser getränkten Tuch zu entfernen. Wenn er nicht verschwindet, den Stoff zunächst wieder trocknen lassen, dann etwas Terpentinöl auf ein Tuch geben und damit über den Fleck reiben. Anschließend mit klarem Wasser ausspülen.

W wie …

Wachs

Bei Wachsflecken besteht kein Grund zur Eile. Im Gegenteil, wenn Sie das Wachs sofort entfernen, verteilen Sie das Wachs nur. Üben Sie sich in Geduld und lassen Sie den Fleck erst trocknen. Sobald es hart geworden ist, möglichst viel Wachs mit einem Messer abschaben. Zwei oder drei Papiertücher auf den verbleibenden Fleck legen und mit dem Bügeleisen darübergehen. Durch die Hitze schmilzt das Wachs und wird vom Papier absorbiert. Den Vorgang wiederholen, bis keine Wachsspuren mehr sichtbar sind.

• **Das Wachs ist weg, aber es bleibt ein Fettrand?** Kein Problem. Den Fleck mit Montmorillonit bestreuen. Sobald das Fett aufgesogen ist, den Staub abklopfen. Falls nötig, wiederholen.

(Rot-)Wein

Als Erstes den Fleck mit kaltem Wasser einweichen. Am besten funktioniert kohlensäurehaltiges Mineralwasser. Man kann den Fleck auch mit Montmorillonit oder Maizena® bestreuen. Möglichst lange einwirken lassen, danach ausbürsten.

• **Bei hartnäckigen Flecken** warme Milch darauf geben und mindestens eine Stunde einweichen lassen. Ausspülen und mit Seifenwasser waschen. Diese Methode empfiehlt sich auch für Wolle. Essigessenz funktioniert sehr gut bei Wildleder und Nubuk. Für Leder am besten 90%igen Alkohol verwenden.

Alte Weisheiten – richtig oder falsch?

TIPP

„Rotweinflecken muss man mit Salz bestreuen."

FALSCH: Im Gegenteil, Salz hat die Eigenschaft, Farben zu fixieren!

„Mit Weißwein lassen sich Rotweinflecken löschen."

RICHTIG: Diese Methode funktioniert, sie ist vor allem bei empfindlichen Textilien empfehlenswert, etwa bei Samt. Aber es klappt nicht immer. Es kommt auf die genaue Zusammensetzung des Weins an!

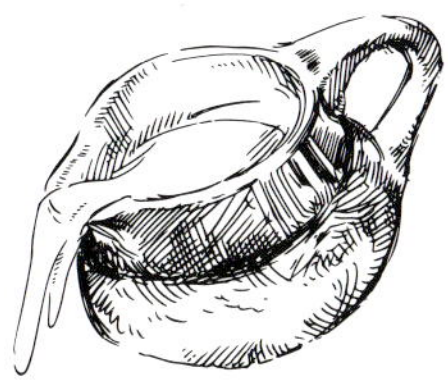

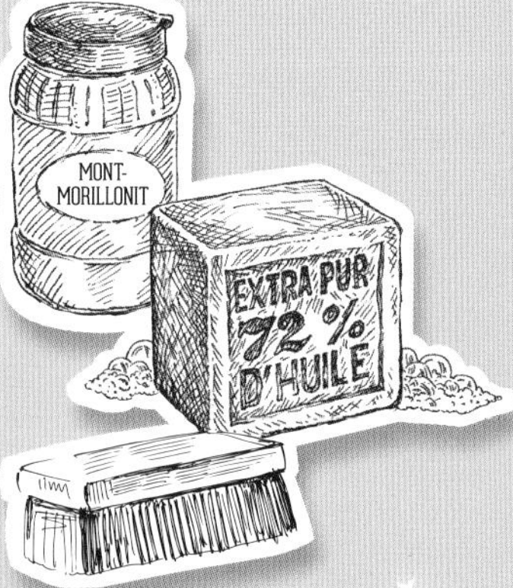

Wände, Böden, Möbel, Sanitäreinrichtung, Bettwäsche … jeder Bereich des Hauses zieht andere Flecken an und benötigt spezielle Reinigungsmethoden. Es ist wichtig, das richtige Produkt für jedes Material auszuwählen.

Auch wenn ich mich wiederhole: Testen Sie die Produkte immer erst an einer unauffälligen Stelle.

4

SPEZIALFÄLLE

HOLZ

Holz verdient unsere besondere Aufmerksamkeit. Ob roh, lackiert oder gewachst, es mag weder Wasser noch Hitze und hasst die meisten Chemikalien. Und die Wirkung der Fleckenmittel hängt von der Art des Holzes ab. Daher jedes Produkt zuerst an einer unauffälligen Stelle ausprobieren.

Egal welches Mittel Sie verwenden, die Methode ist dieselbe: Mit einem fusselfreien Tuch reiben, auf keinen Fall mit einem Scheuerschwamm, und der Richtung der Maserung folgen.

Fettflecken

- **Auf Rohholz oder gewachstem Holz:** Fettflecken mit Montmorillonit bestreuen, um sie zu absorbieren. Mindestens zwölf Stunden einwirken lassen. Um das Ganze zu beschleunigen, das Montmorillonit mit mehreren Lagen Küchenpapier abdecken. Mit dem warmen (nicht heißen!) Bügeleisen vorsichtig und mit kleinen Bewegungen über den Fleck gehen. Das Küchenpapier saugt das Fett auf. Den Vorgang mit frischem Papier wiederholen, bis keine Fettspuren mehr sichtbar sind.
- **Für ältere Flecken** das Montmorillonit mit ein paar Tropfen Terpentinöl mischen. Diese Paste mit einem weichen Tuch auftragen und mindestens sechs Stunden einwirken lassen.

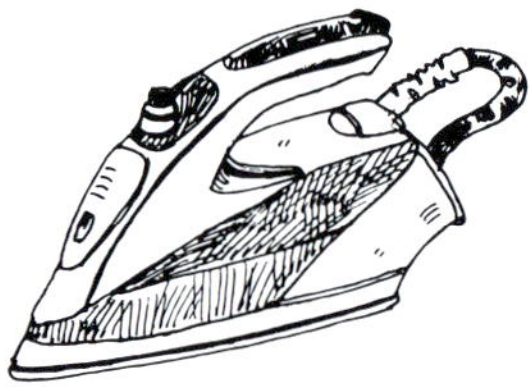

Wasser- oder Weinränder

- **Auf gewachstem Holz:** Glasränder auf Tischen, von Wasser oder Wein, lassen sich mit einem Wein- oder Sektkorken entfernen. Von außen nach innen mit kreisenden Bewegungen reiben. Bei sehr dunklem Holz den Korken vorher leicht anbrennen. Danach wachsen.

- **Alternativ** kann man die Glasränder auch mit einer Paste aus feinem Salz und Wasser (zwei Teelöffel Salz auf einen Teelöffel Wasser) mit einem fusselfreien Tuch vorsichtig abreiben. Danach mit einem feuchten Tuch abwischen.

TIPP

Zigaretten-Brandlöcher auf Holz entfernen

Solange sie nicht allzu tief sind, lassen sich Brandflecken auf Holz recht gut entfernen. Einen Esslöffel Leinöl mit zwei Tropfen ätherischem Pfefferminz- oder Teebaumöl (für helle Möbel) mit Zigarettenasche zu einer Paste verrühren und den Brandfleck mit dieser Mischung abreiben. Nach ein paar Minuten ist er verschwunden.

Tinten- oder Kugelschreiberflecken

• **Auf gewachstem Holz:** Ein Tuch mit Milch oder Zitronensaft tränken und die Flecken abtupfen. Ist die Farbe stark eingetrocknet, den Fleck mit einem Radiergummi oder mit einem Tuch und etwas 70%igem Alkohol abreiben. Ausspülen. Abtrocknen.

Wachsflecken

Das Wachs vorsichtig mit einem Löffel abschaben, dann den verbleibenden Fettfleck mit Montmorillonit nach der zuvor beschriebenen Methode entfernen. Hartnäckige Fettspuren mit etwas Natron und einem Schwamm abreiben. Mit einem feuchten Schwamm nachwischen. Danach sofort mit einem Tuch abtrocknen.

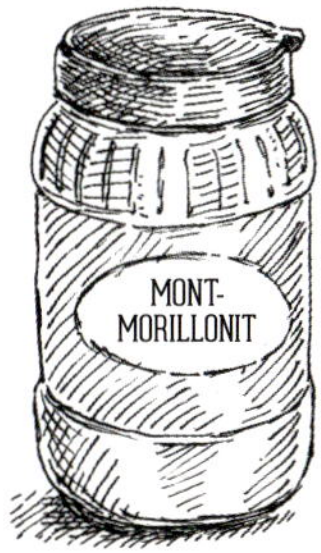

Knifflig!

• **Möbel aus bemaltem Holz:** *Hier ist besondere Vorsicht angebracht. Zum Reinigen etwas Terpentinöl auf ein Tuch geben. Für starke Verschmutzungen einen Schwamm mit einer Mischung aus warmem Wasser und Soda tränken. Reinigen, dann feucht nachwischen und trocken reiben.*

• **Lackiertes Holz:** *Um keine Kratzspuren zu hinterlassen, sehr vorsichtig reiben! Die meisten Flecken lassen sich einfach mit lauwarmem Wasser entfernen. Glasränder mit einer Mischung aus einem Teelöffel 90%igem Alkohol und einem Teelöffel Olivenöl abwischen.*

Hinterlassenschaften von Fliegen

TIPP

Sie haben kleine schwarze Pünktchen auf Ihren Möbeln entdeckt? Es könnte sich um Fliegenkot handeln. Um ihn zu entfernen, ohne lackierte Möbel zu beschädigen, einfach einen Esslöffel Weißwein auf ein sauberes Tuch geben und sanft über die Flecken reiben.

Klebstoffflecken

Kleber lässt sich mit Aceton entfernen; diesen auf ein Wattestäbchen oder ein Tuch geben. Das Holz kann dadurch jedoch ausbleichen. Deshalb sofort mit einem feuchten Tuch nachwischen.

Schimmelflecken

Mit einem feuchten Schwamm abreiben. Sollte das nicht ausreichen, etwas Salmiakgeist oder Wasserstoffperoxid auf ein Tuch geben und die Flecken damit abreiben. Vorsicht, beide Produkte können das Holz ausbleichen.

Blut- und Urinflecken

Zuerst möglichst viel Flüssigkeit mit Montmorillonit oder Talkum absorbieren. Danach mit einem feuchten Schwamm und etwas Kernseife abwaschen. Sollte dies nicht ausreichen, verdünnten Salmiakgeist auf ein Tuch geben und den Fleck damit entfernen. Sofort mit einem feuchten Tuch abwischen.

Saucenflecken

Die Flecken großzügig mit Mehl bestreuen. Mindestens eine Stunde einziehen lassen, dann den Staub abklopfen. Zum Schluss mit einem feuchten Schwamm und etwas Tonstein oder mit einem Tuch und Terpentinöl reinigen.

MATRATZEN

Eine Matratze hält in der Regel acht bis zehn Jahre. Es ist also nur normal, dass die Zeit für das Auge eher unerfreuliche Spuren hinterlässt.

Reinigen und desinfizieren

Gegen Urin-, Blut- und viele andere Flecken hilft Wasserstoffperoxid! Das natürliche Desinfektionsmittel hat eine beeindruckende Wirkkraft. Zwei Teile Wasser und ein Teil Wasserstoffperoxid in eine Sprühflasche füllen, die Matratze einsprühen, mit einem zusammengerollten Tuch sauber reiben. Trocknen lassen. Dann mit einem nassen Schwamm gründlich abwaschen. Mindestens acht Stunden trocknen lassen. Etwas schneller geht es mit einem Haartrockner.

Hartnäckige Flecken ...

Am besten geeignet ist hier Salmiakgeist. Die Fenster weit öffnen, Handschuhe tragen und sich mit einer Maske gegen die Ammoniakdämpfe schützen. Spritzer vermeiden! Die Matratze mit einem Waschlappen oder Schwamm und relativ hochkonzentriertem Ammoniakwasser (eine Tasse Salmiakgeist auf eine Salatschüssel heißes Wasser) reinigen. Sämtliche Flecken kräftig schrubben. Mit einem feuchten Handtuch nachreiben.

ACHTUNG: Wenn Sie zu nass reinigen, kann Wasser ins Matratzeninnere eindringen. Dies kann zur Entstehung von Schimmel führen!

TIPP

Alle zwei Wochen erledigen

Um Matratzen, Decken und Kissen sauber zu halten, regelmäßig mit Natron reinigen. Dieses zu 100% natürliche Wunderprodukt vernichtet Milben, desinfiziert, reinigt und vernichtet Gerüche. Alles großzügig mit Natron bestreuen. Ca. 30 Minuten einwirken lassen, dann das Natron mit einer weichen Bürste vorsichtig einmassieren. Noch ein paar Minuten einwirken lassen. Anschließend mit dem Staubsauger absaugen.

Ein paar Stunden trocknen lassen, dann die Matratze mit Natron bestreuen, und zwar aus zwei Gründen: Sie trocknet schneller und der Ammoniakgeruch verschwindet. Das Natron kurz vor dem Zubettgehen mit dem Staubsauger absaugen.

BÖDEN

Sie scheinen Flecken quasi magisch anzuziehen: Matsch, verschütteter Wein, die Spuren der Katze ... Je schneller Sie handeln, desto geringer der Schaden.

Teppichboden

- **Für die Tiefenreinigung:** Zwei Teile kohlensäurehaltiges Wasser auf einen Teil Essigessenz geben, mit einer Wurzelbürste schrubben. Bei hartnäckigen Flecken reinen Essigessenz verwenden.

- **Hartnäckige Flecken:** Mit einem Tuch und etwas Salmiakgeist abreiben.
- **Alkohol (90%)** funktioniert ebenfalls gut.
- **Für Fettflecken und organische Verschmutzungen** (Blut, Urin ...) eignet sich vor allem Montmorillonit.

Linoleum

Brandflecken, Wachs, Schuhcreme, Kaffee ... Natron hilft gegen alles, ein wahrer „Meister Proper". Natron auf den Fleck streuen und mit einem feuchten Schwamm abreiben. Nachwischen und trocknen lassen.

Parkett

- **Ihr lackiertes Parkett** ist an einigen Stellen stumpf und dunkel verfärbt? Eine Verschlusskappe flüssige Schmierseife auf einen Eimer heißes Wasser geben. Mit einem Mikrofasertuch oder einem Wischmopp und dem Seifenwasser das Parkett reinigen. Feucht wischen und polieren. Reicht dies nicht aus, ein paar Tropfen Essigessenz dazugeben, nachwischen und sofort trocken reiben. Auf keinen Fall einen Scheuerschwamm verwenden, um den Boden nicht zu zerkratzen. Wenn trotz allem schwarze Flecken bleiben, gibt es nur noch eine Lösung: Das Parkett abschleifen und neu lackieren.

TIPP

Magischer Radiergummi

Schuhabdrücke und Schuhcremespuren, und keine Energie, den Boden zu schrubben? Ein Radiergummi lässt die Spuren wie von Zauberhand verschwinden!

• **Geöltes Parkett** ist relativ unempfindlich gegen Schmutz und sehr pflegeleicht. Ein Fleck? Sofort abwischen. Wenn der Fleck bereits getrocknet ist, mit einem feuchten Schwamm und Seifenwasser (lauwarmes Wasser mit zwei Tropfen Schmierseife) reinigen.

Sisal und andere Naturfasern

Sisal ist anfällig für Flecken und Schimmel.

• **Um Wasserränder zu vermeiden:** Jeden Tropfen Wasser sofort mit Küchenpapier abtupfen und mit einem Fön mit kreisenden Bewegungen von außen nach innen trocknen.

• **Zu spät?** Eine halbe Verschlusskappe Salmiakgeist und einen Teelöffel Schmierseife auf fünf Liter warmes Wasser geben und die Flecken mit einer Bürste entfernen. Feucht wischen und trocknen.

Tonfliesen

Zitronensaft ist konkurrenzlos im Kampf gegen Flecken auf Tonfliesen. Zwei Esslöffel Zitronensaft auf einen Liter Wasser geben und den Boden damit schrubben.

• **Fettflecken?** Mit Montmorillonit oder Mehl bestreuen und einziehen lassen.

• **Ihr Hund konnte sich nicht zurückhalten?** Drei Teile Leinöl und einen Teil Terpentinöl mischen. Die Mischung mit einem breiten Pinsel auf den Fleck auftragen. Einziehen lassen, dann mit klarem Wasser abwischen. Den Raum gut lüften.

Gewachster Beton

Dieser Bodenbelag ist relativ empfindlich. Man sollte ihn auf keinen Fall mit Scheuerschwämmen oder mit aggressiven säure- oder chlorhaltigen Reinigungsmitteln behandeln, denn diese zerstören die Wachsschicht auf dem Beton. Für Fettflecken genügt Kernseife oder Montmorillonit. Das Produkt mit kreisenden Bewegungen auftragen. Einwirken lassen. Falls nötig, den Vorgang wiederholen.

WÄNDE

Haben Sie einen kleinen Nachwuchskünstler zu Hause, der seine Zimmerwände mit Zeichenpapier verwechselt, oder hat die Wand in Ihrer Küche Saucen-, Saft- und Ölspritzer abbekommen? In jedem Raum warten andere Herausforderungen auf die Wände und es ist gar nicht so einfach, diese richtig zu reinigen.

Tapeten

Für abwaschbare Tapeten, beispielsweise aus Vinyl, genügt in der Regel Seifenwasser. Bei Materialien, die kein Wasser vertragen, muss man sich aber doch etwas mehr einfallen lassen.

- **Fingerabdrücke verschwinden,** wenn man sie vorsichtig mit entrindetem Brot abreibt. Sie können aber auch einen Radiergummi nehmen.
- **Fettflecken** lassen sich mit Talkumpuder oder Montmorillonit entfernen. Den Puder auf den Fleck auftupfen und mindestens zehn Stunden einwirken lassen, danach den Staub abwischen.

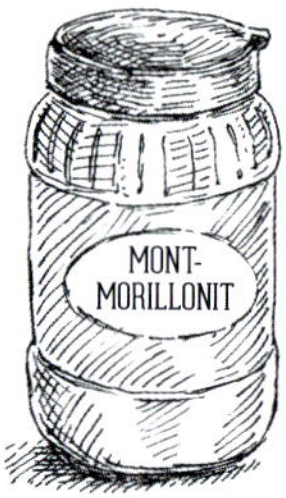

Rauputzwände

Wände aus Rauputz haben die Angewohnheit, Schmutz anzuziehen. Zuerst abbürsten, dann mit einem Schwamm und einer Mischung aus Essigessenz und Salz reinigen. Hartnäckige Flecken mit etwas Wasserstoffperoxid und einem Wattestäbchen entfernen, feucht nachwischen.

Betonwände

Mit einem Radiergummi lassen sich die meisten Schmutzspuren beseitigen. Tonstein wird auch mit hartnäckigen Flecken mühelos fertig.

- **Fingerabdrücke und Staubreste** lassen sich mit einer halbierten rohen Kartoffel entfernen.
- **Tinten- oder Kugelschreiberspuren** verschwinden, wenn man sie mit einem Tuch und etwas Haushaltsalkohol oder, noch einfacher, einer haselnussgroßen Menge Zahnpasta abreibt.
- **Fettflecken** lassen sich mit Talkumpuder oder Montmorillonit entfernen.

TOILETTE

Alles ist gut in der neuen Wohnung, in die Sie eingezogen sind ... nur die Toiletten weisen unappetitliche Ablagerungen und Verkrustungen auf. Keine Panik, Sie müssen nicht gleich in eine neue Sanitäreinrichtung investieren. Zum Glück gibt es Naturprodukte, mit denen sich das Problem lösen lässt.

Urinstein

Eine Handvoll Kristallsoda oder einen Esslöffel Natron auf die Stellen geben. Nach fünf Minuten müssten sie verschwunden sein. Falls nicht, spülen und das Wasser aus dem WC entfernen. Einen Liter heißen Essigessenz in die Toilette gießen und über Nacht einwirken lassen. Am nächsten Morgen ist nichts mehr zu sehen.

• **Die harte Tour:** Drei Esslöffel Natron, drei Esslöffel Salz, 25 cl Essigessenz und etwas kochendes Wasser mischen und ins WC gießen. Ein paar Minuten einwirken lassen, dann mit der Toilettenbürste schrubben.

Schwarze Flecken

Schwarze Streifen entlang des Wasserlaufs mit reinem Essig einsprühen. Dann ein paar Blätter Toiletten- oder Küchenpapier darauflegen. Mit etwas Essig besprühen, damit sie haften bleiben. Mindestens eine Stunde einweichen lassen.

5

ANHANG

EINSTUFUNG UND KENNZEICHNUNG VON CHEMIKALIEN

Um das Internationale System der Einstufung und Kennzeichnung* von Chemikalien zu harmonisieren, gibt es seit 1. Juni 2015 eine neue Kennzeichnungspflicht für alle Gemische (und seit Dezember 2010 für alle Stoffe). Jedoch gilt eine Übergangsfrist für die Produkte, die sich bereits auf dem Markt befinden. Das bedeutet, dass bis Mai 2017 alte und neue Kennzeichnung koexistieren.

* Europäische Verordnung Nr. 1272/2008 über die Einstufung, Kennzeichnung und Verpackung.

• **Wozu ist das gut?** Die Einstufung von Chemikalien soll den Verbraucher über die von chemischen Stoffen und Gemischen ausgehenden Gefahren sowie über deren Auswirkungen auf Gesundheit und Umwelt informieren.

ACHTUNG: Beachten Sie bei der Anwendung eines Produkts immer die Gebrauchsanweisung.

DIE GEFAHREN FÜR DIE UMWELT

ALTE KENNZEICHNUNG	NEUE KENNZEICHNUNG	GEFAHRENBEZEICHNUNG	VORSICHTSMASSNAHMEN
		**GEFÄHRLICH FÜR DIE OZONSCHICHT:** Der Stoff zerstört die Ozonschicht	Nicht in der Umwelt entsorgen
		**GEFÄHRLICH FÜR WASSER-ORGANISMEN:** Das Produkt verschmutzt die Umwelt und hat (kurz- oder langfristig) schädliche Auswirkungen auf Wasserorganismen	Nicht in der Umwelt entsorgen

DIE GEFAHREN FÜR DIE UMWELT

ALTE KENNZEICHNUNG	NEUE KENNZEICHNUNG	GEFAHRENBEZEICHNUNG	VORSICHTSMASSNAHMEN
		**EXPLOSIV:** Das Produkt kann beim Kontakt mit einer Flamme, Funken, statischer Elektrizität, Druck oder Reiben explodieren	Von Hitzequellen und sonstigen Funkenquellen fernhalten
-		**GAS UNTER DRUCK:** Das Produkt kann unter Hitzeeinwirkung (komprimierte Gase, Flüssiggase und flüssigen Kühlmitteln gelöste Gase) explodieren • Es kann Kälteverbrennungen- und verletzungen verursachen (flüssige Kühlmittel)	Vor Sonneneinstrahlung schützen • Hautkontakt vermeiden
		**ENTZÜNDBAR:** Das Produkt kann sich beim Kontakt mit einer Flamme, statischer Elektrizität, unter Hitzeeinwirkung, bei Reibungen, beim Kontakt mit Luft oder Wasser durch das Freiwerden von entzündlichen Gasen entzünden	Von Hitzequellen und sonstigen Funkenquellen fernhalten
		**BRANDFÖRDERND:** Das Produkt kann einen Brand hervorrufen oder verstärken • Es kann unter Vorhandensein entzündlicher Produkte eine Explosion hervorrufen	Von Hitze, Kleidung und sonstigen brennbaren Stoffen fernhalten
		**KORROSIV:** Das Produkt ist ätzend • Es kann Metalle angreifen (verätzen) oder zerstören	Von Hitzequellen und sonstigen Funkenquellen fernhalten

DIE GEFAHREN FÜR DIE UMWELT

ALTE KENNZEICHNUNG	NEUE KENNZEICHNUNG	GEFAHRENBEZEICHNUNG	VORSICHTSMASSNAHMEN
		**GEFÄHRLICHE FÜR DIE GESUNDHEIT:** Wirkt in hoher Dosierung giftig • Kann die Haut, Augen, Atemwege reizen • Kann zu Hautallergien führen • Kann Schläfrigkeit und Benommenheit verursachen	Jeglichen Kontakt mit dem Produkt vermeiden
		**GIFTIG ODER TÖDLICH:** Das Produkt kann schnell zum Tod führen • Ist hochgiftig, auch in geringen Mengen	Schutzausrüstung tragen • Jeglichen Kontakt vermeiden (Mund, Haut, Einatmen) und nach Nutzung sorgfältig die betroffenen Stellen reinigen
		**KORROSIV:** Das Produkt kann zu Hautverbrennungen und Augenverletzungen bei Kontakt oder Spritzern führen	Jeglichen Augen- und Hautkontakt vermeiden, nicht einatmen
		**SEHR GEFÄHRLICH FÜR DIE GESUNDHEIT:** Produkt kann krebserregend sein • Kann die DNA verändern • Kann die Fruchtbarkeit beeinträchtigen oder dem Fötus schaden • Kann die Funktionsweise mancher Organe beeinträchtigen • Kann bei der Einnahme und dem Eindringen in die Atemwege tödlich sein • Kann zu Atemproblemen oder allergischen Atemwegserkrankungen (Asthma) führen	Eine Schutzausrüstung tragen • Vor Verwendung die Anleileitung lesen • Jeden Kontakt mit dem Produkt vermeiden • und nach der Nutzung sorgfältig die entsprechenden Stellen reinigen

NÜTZLICH

Wichtige Notrufnummern

Mit dem Mobiltelefon

112: Einheitliche Notrufnummer im gesamten europäischen Gebiet, empfohlen im Inland sowie auf Auslandsreisen.

Aus dem Festnetz

112: Notarzt und Feuerwehr erreichen Sie gebührenfrei über die Notrufnummer 112

Österreich

114: Die Notrufnummer für Rettungseinsätze
+431 (0) 406 43 43: Vergiftungsnotruf

Schweiz

144 oder 112: Den Rettungsdienst erreichen Sie über beide Nummern
+41 (0) 44 251 51 51: Vergiftungsnotruf

Giftnotrufzentralen und Toxikovigilanz

Die acht Giftinformationszentren (GIZ) der deutschen Bundesländer sind überwiegend an Universitätskliniken angesiedelt. Sie dienen als toxikologische Informationsdienste (Giftnotrufe) und sind 24 Stunden an 7 Tagen die Woche erreichbar.

DEUTSCHLAND

• Berlin: Giftnotruf der Charité (BE, BB)
Tel.: 030/19240, mail@giftnotruf.de

• Göttingen: GIZ-Nord der Länder HB, HH, NI, SH
Tel.: 0551/19 240, giznord@giz-nord.de

• Bonn: Informationszentrale gegen Vergiftungen (NRW) Tel.: 0228/19240, gizbn@ukb.uni-bonn.de

• Homburg: Informations- und Beratungszentrum für Vergiftungsfälle (SL) Tel.: 06841/19240, giftberatung@uniklinikum-saarland.de

• Erfurt: GIZ der Länder MV, SN, ST, TH
Tel.: 0361/730 730, ggiz@ggiz-erfurt.de

• Mainz: GIZ der Länder RP, HE
Tel.: 06131/19240, mail@giftinfo.uni-mainz.de

• Freiburg: Vergiftungsinformationszentrale (BW)
Tel.: 0761/19240, giftinfo@uniklinik-freiburg.de

• München: Giftnotruf München (BY)
Tel.: 089/19240, tox@lrz.tu-muenchen.de

ÖSTERREICH

• Wien: Vergiftungsinformationszentrale
Tel.: 0043 (0)1/4064343, viz@meduniwien.ac.at

SCHWEIZ

• Zürich: Schweizerisches Toxikologosches Informationszentrum, Tel.: 0041 (0)44/2515151, info@toxi.ch

(Stand: Oktober 2015)

Hier erfahren Sie mehr:
Bundesamt für Verbraucherschutz und Lebensmittelsicherheit, http://www.bvl.bund.de/DE/Home/homepage_node.html

SACHREGISTER

Das Anti-Flecken-Kit

Flecken entfernen je nach Art ihrer Herkunft

Flecken auf Textilien und Leder

Flecken entfernen je nach Materialien

Flecken im ganzen Haus entfernen

Gegenstände reinigen

Danksagungen

Ich danke Isabelle für alles, François und Gad für ihre Unterstützung und Françoise für ihr unerbittliches Korrekturlesen.

Danke auch an Ludovic und Leo, meine beiden wunderbaren Kinder, die mich zum Profi in Sachen Fleckentfernung gemacht haben!

Ilustrationen

fotolia/airdone; fotolia/asmakar; fotolia/canicula; fotolia/J_ka; fotolia/kamenuka; fotolia/kharlamova_lv; fotolia/kytalpa; fotolia/macrovector; fotolia/mhatzapa; fotolia/Neyro; fotolia/nikiteev; fotolia/pim; fotolia/Rabe; fotolia/tsaplia; Sylvain Kaslin.

Die französische Originalausgabe erschien unter dem Titel Tout détacher
© 2015 Éditions Massin – Société d'Information et de Créations, www.massin.fr
Direktor der Edition: Thierry Lamarre
Edition: Adeline Lobut
Texte: Isabelle Louet
Korrektorat: Isabelle Misery
Lektorat: Either Studio (Laurie Montaz)
Konzeption, Grafik und Satz: Either Studio

Deutsche Ausgabe
Produktmanagement: Mariel Marohn, Lara Schaufler
Übersetzung: Julia Nunes, München
Lektorat: Manuela Feilzer, Köln
Satz: Susanne Dornes, Stuttgart
Druck und Bindung: GPS Group GmbH, Österreich

ISBN 978-3-7724-7647-1
Best.-Nr. 7647